B1

2e ÉDITION

LE DELF

100% RÉUSSITE

JUNIOR ET SCOLAIRE

Romain Chrétien

Émilie Jacament

Marie Rabin
Responsable de projets au département Évaluation et Certifications
France Éducation international

didier
Français Langue Étrangère

Conception maquette intérieure et couverture : Primo & Primo
Mise en page : Franck Delormeau
Adaptation 2ᵉ édition : Jean-Marc Mougneau - Créator's Studio
Iconographie : Maria Mora Fontanilla
Illustrations : Lupé Granité, Céline Penot
Édition : Aurélie Buatois et Julie Minotte
Cheffe de Studio : Christelle Daubignard
Enregistrements : Vincent Henquinet – Eurodvd

Dans votre navigateur, saisissez **didierfle.app** et flashez les pages de votre livre pour un accès direct aux audios avec votre smartphone ou votre tablette !

© Didier FLE, une marque des éditions Hatier, Paris 2023
ISBN : 978-2-278-10858-9 - Dépôt légal : 10858/02
Achevé d'imprimer en Espagne par Macrolibros (Valladolid) en septembre 2023.

PAPIER À BASE DE FIBRES CERTIFIÉES

éditions didier s'engagent pour l'environnement en réduisant l'empreinte carbone de leurs livres. Celle de cet exemplaire est de : 800 g éq. CO$_2$
Rendez-vous sur www.editionsdidier-durable.fr

AVANT-PROPOS

⎯ Qu'est-ce que le DELF ?

Le DELF, diplôme d'études en langue française, est une certification officielle en français langue étrangère du ministère de l'Éducation nationale.. C'est un diplôme internationalement reconnu qui permet de valider votre niveau de français auprès d'universités ou d'écoles, d'employeurs ou d'administrations dans le monde.
Ce diplôme est valable sans limitation de durée.

⎯ Quels sont les niveaux du DELF ?

Le DELF est constitué des diplômes suivants : Prim, junior / scolaire et tout public.

Ils correspondent aux niveaux du *Cadre européen commun de référence pour les langues* (CECRL) : DELF A1.1 (DELF Prim), DELF A1, DELF A2, DELF B1 et DELF B2.

Chaque diplôme évalue les quatre compétences : compréhension et production orales, compréhension et production écrites. L'obtention de la moyenne (50 points sur 100) à l'ensemble des épreuves permet la délivrance du diplôme correspondant.

⎯ Où passer le DELF ?

Vous pouvez passer le DELF dans 175 pays. Vous devez vous inscrire dans un des 1 200 centres d'examen agréés par France Éducation international. Pour trouver un centre et connaître les dates des examens, consultez le site internet de France Éducation international :

www.france-education-international.fr

COMMENT SE PRÉPARER ?

Ce livre peut être utilisé en autonomie ou en classe avec un(e) enseignant(e). Il est réparti en quatre compétences comme l'examen.

Nous vous proposons une démarche en quatre étapes :

▸ **Comprendre :** une double-page qui présente l'épreuve par compétence, les savoir-faire, les exercices et les documents, la consigne générale et des exemples de questions /réponses.

▸ **Se préparer :** des activités pour acquérir les savoir-faire indispensables pour réussir.

▸ **S'entraîner :** des activités proches de l'examen avec des conseils méthodologiques.

▸ **Prêt pour l'examen !** mémoriser l'essentiel : vocabulaire, grammaire, conseils, etc.

Alors, prêt(e) pour l'examen ?

SOMMAIRE

Le picto 📱 vous indique le numéro de la piste à écouter en flashant la page avec l'application Didierfle.app.

Les audios sont également téléchargeables sur http://didierfle-delfreussite.fr

S'INFORMER SUR LE DELF

— L'examen du DELF, comment ça se passe ?

Il y a des épreuves collectives pour les compétences de compréhension de l'oral, des écrits et la production écrite. Cette partie de l'examen dure 1 heure 55.

Il y a aussi une épreuve individuelle de production orale, elle dure environ 15 minutes.

▶ Vous allez passer les 3 épreuves collectives dans l'ordre suivant :

1. La compréhension de l'oral : écouter et compléter les questionnaires ;

2. La compréhension des écrits : lire des documents et compléter les questionnaires ;

3. La production écrite : écrire un texte d'expression personnelle.

▶ Vous allez passer l'épreuve individuelle, la production orale, en quatre temps :

1. Préparation : vous avez 10 minutes pour préparer l'exercice 3 ;

2. L'entretien dirigé : échanger avec l'examinateur et parler de soi ;

3. L'exercice en interaction : tirer au sort 2 sujets et participer à un jeu de rôle avec l'examinateur pour résoudre une situation de la vie quotidienne ;

4. L'expression d'un point de vue : tirer au sort 2 documents et exposer son point de vue à partir d'un bref document écrit.

Entraînez-vous dans les conditions réelles de l'examen avec une épreuve blanche complète à la fin de l'ouvrage à partir de la page 116.

Retrouvez aux pages 129-130 les grilles d'évaluation de la production écrite et de la production orale.

Retrouvez également une épreuve blanche interactive sur http://www.didierfle-nomade.fr.

QU'EST-CE QUE LE NIVEAU B1 ?

Le *Cadre européen commun de référence pour les langues* définit le niveau B1 comme celui d'un utilisateur indépendant qui :

- peut comprendre les **points essentiels** quand un langage **clair et standard** est utilisé et s'il s'agit de **choses familières** dans le travail, à l'école, dans les loisirs, etc.

- peut **se débrouiller** dans la plupart des situations rencontrées en voyage dans une région où la langue cible est parlée.

- peut produire un **discours simple et cohérent** sur des sujets familiers et dans ses domaines d'intérêt.

- peut **raconter** un événement, une expérience ou un rêve, **décrire** un espoir ou un but et **exposer brièvement** des raisons ou explications pour un projet ou une idée.

DELF B1

Niveau B1 du *Cadre européen commun de référence pour les langues*

Voici le détail des 4 épreuves :

Nature des épreuves	Durée	Note sur
Compréhension de l'oral Réponse à des questionnaires de compréhension portant sur plusieurs documents enregistrés ayant trait à des situations de la vie quotidienne. (2 écoutes) *Durée maximale des documents : 6 minutes*	**25 minutes environ**	…/25
Compréhension des écrits Réponse à des questionnaires de compréhension portant sur plusieurs documents écrits : – dégager des informations utiles par rapport à une tâche donnée ; – analyser le contenu d'un document d'intérêt général.	**45 minutes**	…/25
Production écrite Expression d'une attitude personnelle sur un thème général (essai, courrier, article…).	**45 minutes**	…/25
Production orale Épreuve individuelle en trois parties : – entretien dirigé ; – exercice en interaction ; – expression d'un point de vue à partir d'un document déclencheur.	**15 minutes environ** **Préparation : 10 minutes** *(ne concerne que la 3e partie de l'épreuve)*	…/25
NOTE TOTALE		**…/100**

Seuil de réussite pour obtenir le diplôme : **50/100**

Note minimale requise par épreuve : **5/25**

Durée totale des épreuves collectives : **1 heure et 55 minutes**

LES 2 JOURS D'EXAMEN

Jour 1 : les épreuves collectives

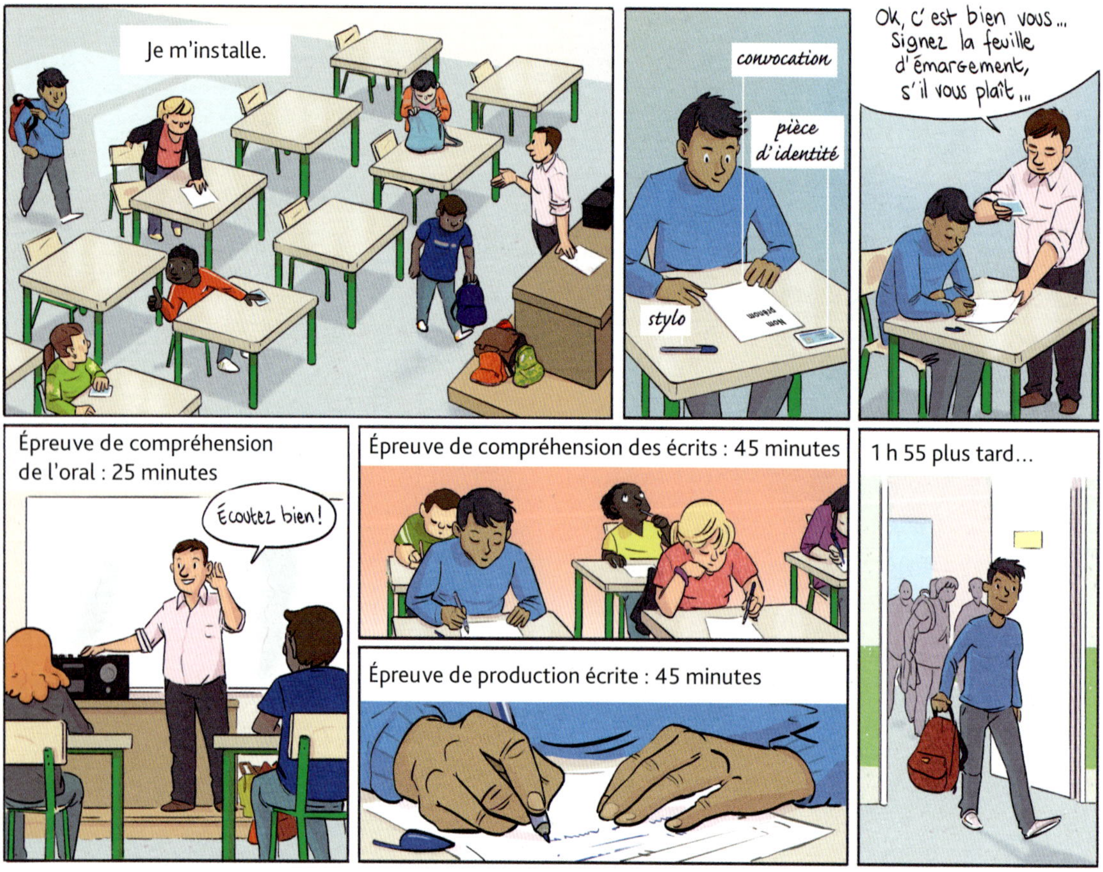

Jour 2 : l'épreuve individuelle

Compréhension

de l'oral

COMPRENDRE

L'ÉPREUVE

La compréhension orale est la première épreuve de l'examen DELF B1.

Nombre de documents
= 3 exercices
pour le niveau B1

Compréhension de l'oral
Réponse à des questionnaires de compréhension portant sur plusieurs documents enregistrés ayant trait à des situations de la vie quotidienne. (2 écoutes)
Durée maximale des documents : 6 minutes

25 minutes environ

.../25

Note totale

Durée de l'épreuve

Objectifs des exercices
1. Comprendre une interaction entre locuteurs natifs
2. Comprendre des émissions de radio et des enregistrements
3. Comprendre des émissions de radio et des enregistrements

LES SAVOIR-FAIRE

Il faut principalement être capable de :

Identifier une conversation

▶ **Exemple :** Noël et Eléonore parlent de...
a. ☐ leur sortie au cinéma.
b. ☐ leurs prochaines vacances.
c. ☐ leur visite du musée du chocolat.

Identifier le sujet principal du document

▶ **Exemple :** Quel est le thème de l'émission « Faites-nous rêver » ?

Identifier la fonction des locuteurs

▶ **Exemple :** Luc Dupontel est...
a. ☐ architecte.
b. ☐ enseignant.
c. ☐ chef d'entreprise.

Identifier les différents points de vue

▶ **Exemple :** Jules déteste aller à la piscine parce qu'il...
a. ☐ n'aime pas l'odeur du chlore.
b. ☐ trouve que l'entrée est chère.
c. ☐ ne supporte pas le bonnet de bain.

Relever des informations précises et détaillées

▶ **Exemple :** D'après le journalise, quels sont les avantages du sport en plein air ?

LES EXERCICES ET LES DOCUMENTS

	Supports possibles	Type d'exercice	Nombre de points
Exercice 1 Comprendre une interaction entre locuteurs natifs DOMAINE PERSONNEL	▶ Dialogue de la vie quotidienne	▼ Un questionnaire ▲	7 points
Exercice 2 Comprendre des émissions de radio et des enregistrements DOMAINE ÉDUCATIONNEL	▶ Interview, discussion, bulletin d'informations, chronique	▼ Un questionnaire ▲	9 points
Exercice 3 Comprendre des émissions de radio et des enregistrements DOMAINE ÉDUCATIONNEL OU PUBLIC	▶ Interview, discussion, bulletin d'informations, chronique	▼ Un questionnaire ▲	9 points

LA CONSIGNE

La consigne pour chaque exercice est importante ?

Oui, elle donne la situation générale et dit quoi faire.

C'est quoi ?

C'est une phrase générale au début de l'épreuve. Elle explique ce qu'il faut faire pour l'ensemble des exercices.
▶ **Exemple :** « Vous écoutez la radio. Lisez les questions. Écoutez le document puis répondez. »

Quand lire les consignes ?

Avant l'écoute des documents.

Quand répondre aux questions ?

Après la première écoute des documents.

LES QUESTIONS ET LES RÉPONSES

Les questions suivent toujours l'ordre du document. Les questions se présentent sous la forme de **questions à choix multiples (QCM)** :
Il faut sélectionner la bonne réponse parmi trois choix de réponse. Attention ! Il n'y a qu'une seule réponse correcte.

CONSEILS

Quand lire les questions ?
- Avant d'entendre les documents, vous avez une minute.

Quand répondre aux questions ?
- Vous avez d'abord 10 secondes après la première écoute puis 30 secondes après la seconde écoute.

1 Comprendre une interaction entre locuteurs natifs

Comprendre une conversation

Activité 1

1 - Une conversation peut avoir lieu dans le cadre d'une situation :

- personnelle (ex : avec un ami, un membre de la famille) ;
- publique (ex : avec un commerçant, un conducteur de bus, un agent de police) ;
- éducationnelle (ex : avec un enseignant, un camarade de classe) ;
- professionnelle (ex : avec un collègue, un responsable de stage).

Écoutez une fois les dialogues suivants. Pour chaque dialogue, mettez une croix (X) dans la case qui correspond au domaine de communication.

	Domaine personnel	Domaine public	Domaine éducationnel	Domaine professionnel
Dialogue 1				
Dialogue 2				
Dialogue 3				
Dialogue 4				
Dialogue 5				
Dialogue 6				
Dialogue 7				
Dialogue 8				

2 - Qu'est-ce qui vous a aidé à identifier la/les situation(s) de communication personnelle(s) ? Notez les expressions et thèmes qui vous ont permis de répondre.

....

....

Activité 2

1 - Écoutez une fois les dialogues suivants. Associez chaque dialogue à la situation qui lui correspond.

Dialogue 1 • • Conversation entre deux amis d'école

Dialogue 2 • • Conversation entre deux voisins

Dialogue 3 • • Conversation entre deux cousins

Dialogue 4 • • Conversation entre un frère et une sœur

2 - Quel est le sujet de la conversation ? Écoutez à nouveau chaque dialogue et cochez (☑) la bonne réponse.

Dialogue 1 :   **a.** ☐ un ami   **b.** ☐ un anniversaire   **c.** ☐ des vacances

Dialogue 2 :   **a.** ☐ un vêtement   **b.** ☐ une sortie   **c.** ☐ un lieu

Dialogue 3 :   **a.** ☐ un restaurant **b.** ☐ un voyage   **c.** ☐ une enseignante

Dialogue 4 :   **a.** ☐ une réunion   **b.** ☐ une fête   **c.** ☐ un propriétaire

Activité 3

1 - Comprendre un document et identifier des informations précises, c'est être capable de se poser les bonnes questions. Le sigle QQOQCCP est un outil permettant d'analyser une situation. Chaque lettre correspond à la première lettre d'une question-clé.

D'après vous, quelles sont ces 7 questions-clés ? Complétez les bulles suivantes.

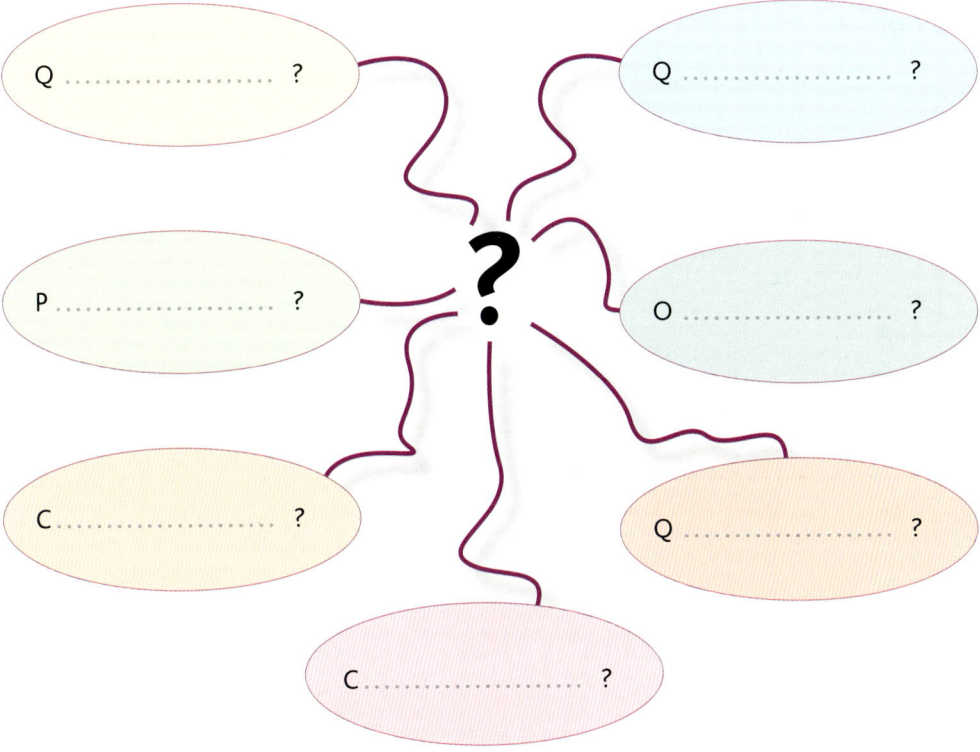

2 - Complétez la colonne de gauche en vous aidant des questions entre parenthèses. Écoutez une première fois le dialogue et répondez aux questions. Écoutez à nouveau le dialogue et vérifiez vos réponses.

1.	Q................................. ? (Quelles sont les personnes concernées ?)	....
2.	Q................................. ? (Quel est le sujet de la conversation ?)	....

3.	O .... ? (De quel lieu parle-t-on ?)	....
4.	Q .... ? (À quelle période de l'année ?)	....
5.	C .... ? (Par quel moyen ?)	....
6.	C .... ? (Quel coût ? Quelle durée ?)	....
7.	P .... ? (Pour quelle raison ?)	....

Activité 4

• **Situation générale** : écoutez une première fois le dialogue. Complétez le tableau.

a.	Qui parle ?	....
b.	Où se déroule ce dialogue ?	....
c.	Quand a lieu cette conversation ?	....
d.	À quelle activité participe Victor ?	....

• **Problèmes… et solutions** : écoutez le dialogue une deuxième fois et répondez aux questions 1 à 5 en cochant (☑) la bonne réponse.

1 - Pour quelle raison la personne arrive tard ?

a. ☐ La circulation a été compliquée.

b. ☐ Sa voiture est tombée en panne.

c. ☐ Le lieu de rendez-vous avait changé.

2 - Quel a été le problème une fois sur le lieu de rendez-vous ?

a. ☐ L'entraîneur était mécontent.

b. ☐ Le groupe avait quitté l'endroit.

c. ☐ Il n'y avait pas de place disponible.

3 - Quelle a été la solution trouvée ?

a. ☐ Contacter l'entraîneur.

b. ☐ Téléphoner à une personne.

c. ☐ Demander de l'aide à l'école.

4 - Victor a manqué…

a. ☐ 15 minutes…

b. ☐ 30 minutes…   …de cours.

c. ☐ 60 minutes…

5 - Comment s'organise le retour de Victor ?

a. ☐ Victor téléphonera à sa famille.

b. ☐ Un autre parent le ramène chez lui.

c. ☐ L'école est d'accord pour s'en occuper.

• **Bilan :** à quelles questions-clés du QQOQCCP correspondent les questions de l'activité 4 ? Répondez en mettant une croix (X) dans la case correspondante.

	QUI ?	QUOI ?	OÙ ?	QUAND ?	COMMENT ?	POURQUOI ?
a.						
b.						
c.						
d.						
1.						
2.						
3.						
4.						
5.						

PISTE 6

Activité 5

1 - Écoutez une première fois les dialogues suivants. Pour chaque conversation, indiquez par une croix (X) si les deux personnes expriment un accord ou un désaccord.

	ACCORD	DÉSACCORD
Dialogue 1		
Dialogue 2		
Dialogue 3		
Dialogue 4		
Dialogue 5		
Dialogue 6		

2 - Écoutez une deuxième fois chaque dialogue. Reliez chaque expression au dialogue correspondant.

Dialogue 1   •

Dialogue 2   •

Dialogue 3   •

Dialogue 4   •

Dialogue 5   •

Dialogue 6   •

•   Je suis tout à fait de ton avis.

•   Ça marche ! Oui.

•   Effectivement !

•   Oui, c'est vrai.

•   Non, je ne trouve pas.

•   Pas du tout !

3 - Quelles autres expressions connaissez-vous ? Notez-les :

Accord	Désaccord
....	....
....	....
....	....
....	....
....	....

PISTE 7

Activité 6

• **Écoutez une fois le dialogue suivant.**

1 - Qui parle ?

a. ☐ Deux amies.

b. ☐ Deux sœurs.

c. ☐ Deux coéquipières.

2 - Quel est le thème de la conversation ?

a. ☐ L'importance du matériel.

b. ☐ La préparation à un match.

c. ☐ Les techniques pour gagner.

3 - Quel est le problème de Juliette ?

a. ☐ Elle se sent très préoccupée.

b. ☐ Elle n'arrive pas à se concentrer.

c. ☐ Elle a peur de jouer devant du public.

4 - La rencontre sportive aura lieu…

a. ☐ le lendemain.

b. ☐ dans quelques jours.

c. ☐ le mois prochain.

• **Écoutez une deuxième fois le dialogue. Juliette ou Béatrice ? Qui pense quoi ? Cochez (☑) le nom de la personne qui affirme les phrases suivantes.**

5 - Il faut de l'expérience pour espérer remporter ce type de tournoi.

a. ☐ Juliette.

b. ☐ Béatrice.

6 - Participer à ce type de rencontre est la preuve qu'on peut gagner.

a. ☐ Juliette.

b. ☐ Béatrice.

7 - Écouter de la musique calme le soir permet de se détendre.

a. ☐ Juliette.

b. ☐ Béatrice.

8 - S'entraîner la veille d'un match n'est pas une bonne idée.

a. ☐ Juliette.

b. ☐ Béatrice.

9 - La présence d'amis peut aider à avoir confiance.

a. ☐ Juliette.

b. ☐ Béatrice.

10 - Lisez les expressions suivantes et associez-les aux expressions du dialogue qui veulent dire la même chose.

a. Sans doute, mais…   •   •   **1.** Je suis sûre que…

b. Je suis certaine que…   •   •   **2.** J'ai horreur…

c. D'après moi,…   •   •   **3.** C'est vrai ce que tu dis !

d. Je ne supporte pas…   •   •   **4.** Bien sûr !

e. Tu as raison !   •   •   **5.** Peut-être, mais…

f. Évidemment !   •   •   **6.** À mon avis,…

2 Comprendre des émissions de radio et des enregistrements

— Identifier la nature du document

Activité 7

1 - À quoi correspondent les extraits sonores suivants ? Répondez en associant chaque document à un élément de la colonne de droite.

Document 1 •

Document 2 •   • Émission à la radio

Document 3 •   • Conversation dans la rue

Document 4 •   • Annonce publique

Document 5 •   • Conférence

Document 6 •

2 - De quoi parlent les extraits d'émissions radiophoniques ? Cochez (☑) les deux bonnes réponses.

a. ☐ De l'histoire du féminisme.

b. ☐ Du sens des courses à pied.

c. ☐ D'un jeu de culture générale.

d. ☐ D'un problème de trajet en train.

e. ☐ De la possibilité d'achats en ligne.

f. ☐ De la présentation d'une conférence.

Activité 8

1 - Parmi les genres radiophoniques suivants, quels sont ceux qui, d'après vous, peuvent être réalisés avec une seule personne ? Cochez les bonnes réponses.

a. ☐ Bulletin météo

b. ☐ Interview

c. ☐ Débat

d. ☐ Billet humoristique

e. ☐ Micro-trottoir

f. ☐ Flash info

g. ☐ Revue de presse

2 - Écoutez une fois les 6 extraits sonores suivants. Associez chaque document au genre radiophonique qui lui correspond.

	Publicité	Bulletin météo	Flash info	Interview	Enquête	Débat
Document 1						
Document 2						
Document 3						
Document 4						
Document 5						
Document 6						

3 - Écoutez une deuxième fois chaque document. Associez chaque document au terme-clé qui le caractérise.

Document 1 •   • Journal

Document 2 •   • Étude

Document 3 •   • Éclaircie

Document 4 •   • Débat

Document 5 •   • Kaki

Document 6 •   • Invité

▬ Identifier le sujet principal du document

Activité 9

1 - Écoutez une fois les extraits sonores. Pour chaque image, indiquez le numéro du document sonore correspondant.

Document n° : ....   Document n° : ....   Document n° : ....   Document n° : ....

2 - Écoutez à nouveau les enregistrements. Associez chaque document à son titre.

Document 1 •   • À quoi sert l'orthographe ?

Document 2 •   • Qu'est-ce qu'une allergie ?

Document 3 •   • Faut-il supprimer les devoirs à la maison ?

Document 4 •   • Quels sont les avantages du bilinguisme ?

Activité 10

• Écoutez les premières secondes du document jusqu'à « Élodie Paget observe ». Répondez aux questions 1, 2 et 3.

1 - D'après cette écoute, quel est le thème développé par le document ? Choisissez la bonne réponse en mettant une croix (X) sous l'image correspondante.

A. La vie de famille   **B.** Le travail   **C.** L'espace public   **D.** L'éducation

☐   ☐   ☐   ☐

2 - Écoutez une nouvelle fois le même passage. Entourez les mots-clés qui vous ont permis de répondre.

a. ☐ Besoin   **b.** ☐ Classe   **c.** ☐ Consigne   **d.** ☐ Collégien   **e.** ☐ Cahier

f. ☐ Étonnant   **g.** ☐ Perdre   **h.** ☐ Observer   **i.** ☐ Spectateur   **j.** ☐ Tranquillement

3 - Selon vous, qu'est-ce qui étonne la journaliste d'après ce passage ? Notez vos idées ci-dessous.

....

....

....

• **Écoutez le document à nouveau, cette fois en entier.**

4 - Comment s'organise la nouvelle façon de travailler ?

a. ☐ Les jeunes découvrent la leçon chez eux et les exercices à l'école.

b. ☐ C'est une méthode où chaque élève présente le cours aux autres.

c. ☐ Dans ce type de classe, le professeur doit préparer moins de cours.

5 - Choisissez un titre pour ce document.

a. ☐ Place à l'oral !

b. ☐ Vive la classe inversée !

c. ☐ Moins nombreux en classe !

▬ Relever des informations factuelles

<u>Activité 11</u>

PISTE 12

1 - Lisez une première fois les questions 2 à 5. D'après vous, quel est le sujet du document sonore ?

a. ☐ La mer.   **b.** ☐ Les sons.   **c.** ☐ Les vacances.

2 - Ce document parle…

a. ☐ des sons dans la mer.

b. ☐ des musiques de vacances.

c. ☐ du bruit dans les coquillages.

3 - Le document explique que ces objets…

a. ☐ conservent le bruit de leur lieu d'origine.

b. ☐ ne contiennent que de l'air en mouvement.

c. ☐ reproduisent exactement la respiration de la mer.

4 - Quels noms donnent les ingénieurs à ces phénomènes ?

a. ☐ Bruit rose et bruit bleu.

b. ☐ Bruit bleu et bruit blanc.

c. ☐ Bruit blanc et bruit rose.

5 - Pourquoi autrefois beaucoup de gens s'endormaient avec la télévision allumée ?

a. ☐ Pour avoir l'impression d'entendre la mer.

b. ☐ Pour ne rien perdre des programmes proposés.

c. ☐ Pour éliminer les sons aigus présents dans les pièces.

▬ Relever des informations précises et détaillées

Activité 12

PISTE 13

• **Écoutez une première fois le document sonore. Répondez aux questions suivantes en cochant (☑) la bonne réponse.**

1 - Quel est le sujet du document ?

a. ☐ L'enseignement.

b. ☐ La littérature anglaise.

c. ☐ Les études internationales.

2 - Quelle matière enseigne Murielle Bordes ?

a. ☐ Le français.

b. ☐ L'informatique.

c. ☐ Une langue étrangère.

3 - Que vont faire les élèves avec le livre de l'auteur français ?

a. ☐ Le vendre.

b. ☐ Le publier.

c. ☐ Le traduire.

4 - Pour intéresser les élèves, il faut…

a. ☐ un objectif.

b. ☐ un échange.

c. ☐ une récompense.

5 - Le premier élève interrogé trouve que les cours sont…

a. ☐ faciles.

b. ☐ amusants.

c. ☐ passionnants.

6 - Qu'est-ce qui fait rêver Alexandra Robert ?

a. ☐ D'avoir le même équipement.

b. ☐ D'avoir des élèves autonomes.

c. ☐ D'avoir une classe aussi douée.

7 - Murielle Bordes trouve du matériel nouveau…

a. ☐ sur un site professionnel.

b. ☐ sur une plateforme de jeux.

c. ☐ dans les revues spécialisées.

8 - Quelle est l'opinion de l'auteure britannique au sujet du travail de Murielle Bordes ?

a. ☐ Elle est déçue.

b. ☐ Elle est rassurée.

c. ☐ Elle est enchantée.

• **Écoutez à nouveau le document sonore pour compléter et vérifier vos réponses.**

Activité 13

• **Écoutez une première fois le document sonore. Répondez aux questions suivantes en cochant (☑) la bonne réponse.**

1 - L'émission parle du sport en tant que…

a. ☐ discipline scolaire.

b. ☐ pratique sociale de loisir.

c. ☐ compétition professionnelle.

2 - Quelle année spéciale célèbre-t-on cette année ?

a. ☐ Celle de la gymnastique.

b. ☐ Celle de l'olympisme à l'école.

c. ☐ Celle des professeurs de sport.

3 - Que signifie le sigle EPS ?

a. ☐ Éducation Physique et Sportive.

b. ☐ École de la Physique et du Sport.

c. ☐ Entraînement Physique et Sportif.

4 - Quelle est la profession de Claude Parnoux ?

a. ☐ Écrivain.

b. ☐ Journaliste.

c. ☐ Professeur.

5 - Dans les années 60, comment appelait-on l'EPS ?

a. ☐ Le sport.

b. ☐ La gymnastique.

c. ☐ L'éducation sportive.

6 - Aujourd'hui, les gens connaissent…

a. ☐ très bien…

b. ☐ mal…　　　　…l'EPS.

c. ☐ pas du tout…

7 - La situation de l'EPS est liée à…

a. ☐ l'histoire de la discipline.

b. ☐ la formation des enseignants.

c. ☐ l'absence de ressources financières.

8 - D'après le document, quel sport a été introduit dans les années 70 ?

a. ☐ Le judo.

b. ☐ Le tennis.

c. ☐ La natation.

• **Écoutez à nouveau le document sonore pour compléter et vérifier vos réponses.**

▬ Identifier la fonction des locuteurs

Activité 14

PISTE 15

• **Écoutez le document une première fois. Répondez aux questions 1, 2, 3 et 4.**

1 - Combien de personnes entendez-vous parler ? Entourez la bonne réponse.

① ② ③ ④ ⑤ ⑥

2 - Comment s'appellent ces personnes ? Choisissez leur prénom parmi la liste donnée et associez-le au nom de famille correspondant. (*Attention il y a plus de noms et de prénoms que de personnes présentes dans le document.*)

Paul ●	● Doret
Simone ●	● Laurent
Jean-Pierre ●	● Fournier
Lucile ●	● Hübscher
Elena ●	● Favre
Reinout ●	● Chouffin
Nadine ●	● Moneo

3 - Quelles sont les nationalités mentionnées dans le document ? Entourez les drapeaux.

4 - Où travaille la première personne interrogée ?

a. ☐ À la patinoire.

b. ☐ Dans une école.

c. ☐ Dans un restaurant.

5 - Vrai ou faux ? Écoutez une deuxième fois le document et cochez la bonne réponse.

a. La journaliste fait un reportage sur les Belges vivant à l'étranger.

a. ☐ Vrai

b. ☐ Faux

b. Le système éducatif en Belgique fonctionne plutôt bien d'après les personnes interrogées.

a. ☐ Vrai

b. ☐ Faux

c. La première personne interrogée constate que ses enfants ont eu des difficultés à trouver de nouveaux amis.

a. ☐ Vrai

b. ☐ Faux

d. En Belgique, les écoles sont souvent très éloignées du domicile de la famille.

a. ☐ Vrai

b. ☐ Faux

e. La deuxième personne interrogée n'était pas rassurée que ses enfants partent à l'école en vélo-bus.

a. ☐ Vrai

b. ☐ Faux

6 - Comment identifier une personne ? Cochez les éléments qui vous semblent importants pour faire le portrait d'une personne.

a. ☐ Sa nationalité

b. ☐ Sa situation familiale

c. ☐ Son logement

d. ☐ Ses caractéristiques physiques

e. ☐ Son âge

f. ☐ Ses loisirs préférés

g. ☐ Sa profession

h. ☐ Son parcours d'études

i. ☐ Son style vestimentaire

Activité 15

• Écoutez une première fois le document sonore. Répondez aux questions suivantes en écrivant l'information demandée ou en cochant la bonne réponse.

1 - Dans quel ordre parlent les personnes suivantes ? Classez ces intervenants de 1 à 5.

a. Emma : …

b. Lorenzo : …

c. Manon : …

d. Jean-Philippe Martin : …

e. Journaliste : …

Emma

2 - Jean-Philippe Martin travaille comme…

a. ☐ proviseur.

b. ☐ sociologue.

c. ☐ enseignant.

3 - Emma, Manon et Lorenzo sont…

a. ☐ au collège.

b. ☐ au lycée.

c. ☐ à l'université.

Lorenzo

4 - Lorenzo pense qu'il faut…

a. ☐ pouvoir amener son téléphone à l'école.

b. ☐ laisser son téléphone portable à la maison.

c. ☐ garder son téléphone en le laissant en silencieux.

5 - Quel est le sentiment de Manon ? Elle est…

a. ☐ triste.

b. ☐ inquiète.

c. ☐ en colère.

Manon

6 - Quel problème évoque Jean-Philippe Martin ?

a. ☐ Le vol des téléphones.

b. ☐ Les mauvais résultats scolaires.

c. ☐ Le manque de sommeil des jeunes.

Jean-Philippe Martin

7 - D'après Jean-Philippe Martin, à quoi servent les interdictions ?

a. ☐ À fâcher les jeunes.

b. ☐ À pouvoir vivre ensemble.

c. ☐ À limiter l'utilisation de certains objets.

Journaliste

• Écoutez à nouveau le document sonore pour compléter et vérifier vos réponses.

1 Comprendre une interaction entre locuteurs natifs

Exercice 1

7 points

Vous écoutez une conversation.
Lisez les questions. Écoutez le document puis répondez.

> ▸ Pour le premier exercice, vous avez une minute pour lire attentivement le questionnaire.
> ▸ Lors de la première écoute, prenez des notes, écrivez les mots-clés ou les mots faciles à repérer.
> ▸ Observez que les questions suivent toujours l'ordre du texte.

1 - Qu'est-ce qui rend Mathilde heureuse ?   1,5 point
a. ☐ La possibilité d'aller en Belgique pour un concert.
b. ☒ Le fait de bientôt voir une artiste qu'elle aime bien.
c. ☐ L'annonce d'un spectacle réalisé par son ami Quentin.

> ▸ Dans les QCM, vous ne devez cocher qu'une seule possibilité.
>
> ▸ Si vous voulez changer votre réponse, faites-le clairement. Cochez et entourez votre nouvelle réponse.

2 - Pourquoi Quentin n'est-il pas libre le 16 juin ?   1,5 point
a. ☒ Parce que sa sœur a une rencontre importante.
b. ☐ Parce que Mathilde pense que c'est impossible.
c. ☐ Parce qu'il a promis d'aider sa famille ce jour-là.

> ▸ Au niveau B1, les questions peuvent porter sur les causes et les conséquences. Faites attention à ce type d'informations.

3 - Que se passera-t-il en cas de victoire de l'équipe de Charlotte ?   1 point
a. ☐ L'équipe sera championne de France.
b. ☐ L'équipe sera en finale du championnat de France.
c. ☒ L'équipe pourra faire partie de la coupe de France.

> ▸ Il s'agit d'une question de compréhension détaillée. Écoutez attentivement jusqu'à la fin du document.

4 - Comment réagit Quentin à la proposition de Mathilde de venir à Grenoble ?   1 point
a. ☒ Il est ravi.
b. ☐ Il est hésitant.
c. ☐ Il est plutôt contre.

> ▸ Au niveau B1, les questions peuvent porter sur les opinions, les réactions, les sentiments et les émotions.

5 - Pourquoi Mathilde renonce-t-elle facilement au concert ?   `1 point`
a. ☐ Parce qu'elle préfère les événements sportifs.
b. ☒ Parce qu'elle pense avoir d'autres occasions à l'avenir.
c. ☐ Parce qu'elle se dit que le concert ne sera pas très festif.

▶ La question porte sur les raisons d'un choix, à nouveau typique du niveau B1.

4 - Quelle utilisation compte faire Mathilde de son billet ?   `1 point`
a. ☒ Elle va en faire cadeau.
b. ☐ Elle va le revendre à une fan.
c. ☐ Elle va l'échanger pour une autre date.

▶ Complétez vos réponses pendant la seconde écoute.

▶ Même si vous avez un doute, essayez toujours de répondre à toutes les questions. Vous pourriez avoir de la chance et trouver la bonne réponse.

JE RETIENS

▶ **Je lis attentivement le questionnaire** avant la première écoute et j'identifie les informations demandées.
▶ Pendant la première écoute, **je me concentre** sur les questions les plus faciles.
▶ **Je profite de la seconde écoute** pour compléter mes réponses.

PISTE 18

Exercice 2   `7 points`

Vous écoutez une conversation.
Lisez les questions. Écoutez le document puis répondez.

1 - Que propose Sofia à Daphné ?   `1,5 point`
a. ☐ D'organiser un rendez-vous pour Paul.
b. ☐ De participer à une activité hebdomadaire.
c. ☐ De faire une surprise à un ami lundi à 17 heures.

2 - Pour quelle raison Daphné est-elle mécontente ?   `1 point`
a. ☐ Elle trouve l'idée de Sofia ennuyeuse.
b. ☐ Elle est déjà inscrite à une activité sportive.
c. ☐ Elle aurait aimé que Sofia lui demande son avis.

3 - Pour Sofia, le plus intéressant, c'est…   `1 point`
a. ☐ de faire des progrès.
b. ☐ de rester ensemble.
c. ☐ d'être sûre de gagner.

4 - Quel est le sentiment de Daphné après les explications de Sofia ?   `1 point`
a. ☐ La peur.
b. ☐ La colère.
c. ☐ Le dégoût.

5 - Quel est l'un des avantages à faire partie d'une chorale selon Sofia ? `1 point`
a. ☐ Cela attire positivement l'attention.
b. ☐ Cela permet de faire des rencontres.
c. ☐ Cela facilite la mémorisation des informations.

6 - Daphné accepte de changer d'avis, à condition… `1,5 point`
a. ☐ d'avoir le temps d'y réfléchir.
b. ☐ de commencer à la fin de l'année.
c. ☐ de pouvoir refuser de chanter en public.

2 Comprendre des émissions de radio et des enregistrements

PISTE 19

Exercice 3 `9 points`

Vous écoutez la radio.
Lisez les questions. Écoutez le document puis répondez.

▸ Pour le deuxième exercice, vous avez une minute pour lire les questions.
▸ Dans cet exercice, il y a toujours 7 QCM.
▸ La lecture du questionnaire doit vous aider à identifier rapidement les informations importantes dans le document sonore.
▸ Lors de la première écoute, ne cherchez pas à tout comprendre. Prenez des notes sur votre feuille de brouillon.
▸ Profitez de la pause entre la première et la deuxième écoute pour commencer à répondre aux questions.

1 - Quelle est la situation de Camille ? `1 point`
a. ☐ Elle exerce avec la meilleure fleuriste de France.
b. ☒ Elle se forme à la fois en cours et dans une boutique.
c. ☐ Elle se prépare exclusivement pour réussir un concours.

▸ Au niveau B1, les questions peuvent porter dès le début sur des questions détaillées. Faites attention à chaque information.

2 - Quel est l'un des intérêts à participer à un concours selon l'enseignante ? `1,5 point`
a. ☐ Cela garantit un emploi si on gagne.
b. ☒ C'est une manière de se faire connaître.
c. ☐ C'est une occasion d'expression artistique.

▸ Même si ce concours augmente les chances de trouver du travail, il ne garantit pas un emploi. En revanche, il permet de rencontrer du monde et donc de se faire connaître.

3 - Quelle est la qualité principale de Camille selon la fleuriste interrogée ?   `1,5 point`

a. ☒ Son autonomie.

b. ☐ Sa perspicacité.

c. ☐ Sa joie de vivre.

▶ Les questions sur les qualités et les défauts des personnes sont caractéristiques du niveau B1. Ici, il faut écouter jusqu'à la fin l'intervention de la fleuriste qui précise ce qui compte le plus pour elle.

4 - Quelle a été la réaction des parents de Camille en apprenant son choix d'études ?   `1 point`

a. ☐ Ils ont été déçus.

b. ☐ Ils ont été surpris.

c. ☒ Ils ont été inquiets.

▶ Au niveau B1, il faut être capable d'identifier des émotions et d'en connaître plusieurs synonymes (avoir peur = être inquiet).

5 - Depuis quand Camille est passionnée par le métier de fleuriste ?   `1 point`

a. ☒ Depuis l'enfance.

b. ☐ Depuis le début de ses études.

c. ☐ Depuis qu'elle travaille à la boutique.

▶ Savoir situer dans le temps et connaître toutes les expressions temporelles sont des compétences attendues au niveau B1.

6 - Comment se sent Camille en pensant au concours ?   `1,5 point`

a. ☐ Elle est fière.

b. ☐ Elle est stressée.

c. ☒ Elle est tranquille.

▶ La question porte sur un état d'esprit et fait appel à la synonymie (rester calme = être tranquille).

7 - Quel est le bénéfice, selon Camille, de cette période de préparation ?   `1,5 point`

a. ☐ Elle a acquis plus de maturité.

b. ☒ Elle a appris de nouvelles techniques.

c. ☐ Elle a été entraînée pour gagner une médaille.

▶ En B1, il est possible d'avoir des questions demandant d'identifier les points positifs (ou négatifs) d'une situation.

JE RETIENS

▶ **Je gère bien mon temps et écoute les instructions données oralement à ce sujet.**

▶ **Je réponds à toutes les questions.**

▶ Après la seconde écoute, **je prends le temps de compléter** et de relire mes réponses.

Exercice 4 | 9 points |

Vous écoutez la radio.
Lisez les questions. Écoutez le document puis répondez.

1 - Quel est le thème principal de ce document ? | 1 point |
a. ☐ La rentrée scolaire.
b. ☐ L'évaluation scolaire.
c. ☐ L'apprentissage scolaire.

2 - À quoi sert la demi-heure sportive proposée dans les écoles ? | 1,5 point |
a. ☐ Elle contribue à former de grands sportifs.
b. ☐ Elle participe à la bonne santé des enfants.
c. ☐ Elle remplace l'éducation physique et sportive.

3 - Quelle idée nouvelle concernant l'école a fait son apparition ces dernières années ? | 1,5 point |
a. ☐ Le corps joue un rôle important pour l'apprentissage.
b. ☐ Le travail à la maison est indispensable pour apprendre.
c. ☐ Les professeurs ont une influence sur les résultats scolaires.

4 - Dans les écoles, les enfants passent… | 1 point |
a. ☐ moins de temps assis qu'en mouvement.
b. ☐ autant de temps assis qu'en mouvement.
c. ☐ plus de temps assis qu'en mouvement.

5 - De quelle manière certains enfants mémorisent les opérations mathématiques ? | 1,5 point |
a. ☐ Par des exercices en interaction.
b. ☐ Par toutes sortes de mouvement.
c. ☐ Par des récitations avec l'enseignant.

6 - En plus de la mémorisation, quel autre avantage observe-t-on avec cette méthode ? | 1,5 point |
a. ☐ Davantage de motivation.
b. ☐ Une plus grande inclusion.
c. ☐ Une meilleure organisation.

7 - D'après le document, ce type d'école… | 1 point |
a. ☐ est déjà bien présent.
b. ☐ existe depuis longtemps.
c. ☐ a besoin de temps pour évoluer.

JE RETIENS

▸ **Je reste concentré(e)** jusqu'à la fin du document.

▸ **J'utilise la feuille de brouillon** pour noter les mots-clés, les mots répétés ou les chiffres importants.

▸ **Je note bien mes réponses sur la copie** (ma feuille de brouillon ne sera pas corrigée).

▸ **Je fais bien attention au sens des questions** et pas seulement aux mots.

▸ **Je fais attention aux réactions**, opinions et sentiments présents dans le document.

▸ **Je réponds à toutes les questions** et en priorité aux questions qui donnent le plus de points.

3 Comprendre des émissions de radio et des enregistrements

PISTE 21

Exercice 5

9 points

Vous écoutez la radio.
Lisez les questions. Écoutez le document puis répondez.

> ▶ Pour le troisième et dernier exercice, vous avez une minute pour lire les questions.
> ▶ Comme pour l'exercice 2, vous devez répondre à 7 QCM.
> ▶ Le thème de cet exercice porte soit sur le domaine public soit sur le domaine de l'éducation.

1 - Dans le document, il est question d'une nouvelle…   **1,5 point**
a. ☐ profession.
b. ☐ fabrication.
c. ☒ installation.

> ▶ Ici, la première question porte sur une information générale du document.

2 - L'habitante interrogée déclare que dès le départ, elle était…   **1 point**
a. ☐ sans avis sur la question.
b. ☒ convaincue par le projet.
c. ☐ défavorable à cette idée.

> ▶ La question porte sur la position de l'habitante par rapport au projet.

3 - Cette habitante participe dans un but…   **1 point**
a. ☒ écologique.
b. ☐ économique.
c. ☐ sociologique.

> ▶ Au niveau B1, il est courant d'avoir des questions sur les objectifs et buts d'une personne ou d'un projet.

4 - Qui est à l'origine de ce projet ?   **1,5 point**
a. ☐ La mairie.
b. ☒ Des citoyens.
c. ☐ Une entreprise.

> ▶ Il s'agit ici de savoir identifier un terme qui peut être synonyme de « groupe d'habitants ».

5 - Quel est le problème principal quand on jette de la nourriture n'importe où, d'après la personne interrogée ?

`1 point`

a. ☐ Cela favorise l'accumulation de déchets.

b. ☐ Cela dégrade l'aspect esthétique de la ville.

c. ☒ Cela provoque l'arrivée d'animaux indésirables.

▸ La question est une question de compréhension détaillée qui porte sur les faits, la situation.

6 - Comment a été financé le projet ?

`1,5 point`

a. ☐ Par les agriculteurs.

b. ☒ Sur le budget de la ville.

c. ☐ Par un groupe d'habitants.

▸ Il s'agit de vérifier que la manière dont le projet a été mis en place financièrement est bien comprise.

7 - Comment le projet a été accueilli par les agriculteurs ?

`1,5 point`

a. ☒ Ils sont très enthousiastes.

b. ☐ Ils n'en voient pas l'intérêt.

c. ☐ Ils pensent que c'est inutile.

▸ La dernière question porte sur la réaction des personnes qui bénéficient de cette collecte de pain.

JE RETIENS

▸ Pour me préparer, **j'écoute régulièrement des émissions francophones**.

▸ **Je fais attention** au nombre d'interlocuteurs et à leur fonction.

▸ **Je réponds aux questions les plus faciles** et les plus simples après la première écoute.

▸ Après la deuxième écoute, **je prends le temps de compléter** et de relire mes réponses.

PISTE 22

Exercice 6

`9 points`

Vous écoutez la radio.
Lisez les questions. Écoutez le document puis répondez.

1 - Comment Julie est-elle partie en voyage en Espagne ?

`1,5 point`

a. ☐ Grâce à un projet qu'elle avait proposé.

b. ☐ Par l'intermédiaire d'une famille qu'elle connaissait.

c. ☐ À la suite d'études universitaires sur la gastronomie.

2 - Pour quelle raison Julie s'imaginait partir en Bretagne ?

`1 point`

a. ☐ Parce que c'était son rêve à seize ans.

b. ☐ Parce qu'elle ne voulait pas partir loin.

c. ☐ Parce que ça correspondait à son budget.

3 - De quelle manière Julie a-t-elle préparé ce premier voyage ? `1 point`

a. ☐ Elle a réservé toutes ses nuits d'hôtel.

b. ☐ Elle s'est bien informée avant de partir.

c. ☐ Elle a suivi un cours pour apprendre à voyager.

4 - De quoi avait-elle peur pendant son voyage ? `1,5 point`

a. ☐ D'échouer.

b. ☐ De déplaire.

c. ☐ De trop dépenser.

5 - Pour son deuxième voyage, Julie choisit comme thème principal… `1 point`

a. ☐ l'écologie.

b. ☐ l'éducation.

c. ☐ la solidarité.

6 - Quelle attitude a adopté Julie au Maroc ? `1,5 point`

a. ☐ Elle a surtout observé.

b. ☐ Elle a participé activement.

c. ☐ Elle s'est concentrée sur les visites.

7 - Quelle conséquence a eu cette dernière expérience sur Julie ? `1,5 point`

a. ☐ Elle l'a aidée à déterminer son avenir.

b. ☐ Elle lui a permis de créer son entreprise.

c. ☐ Elle lui a donné envie de vivre dans ce pays.

JE RETIENS

▸ **J'essaie de m'approprier le questionnaire** avant la première écoute : j'entoure les mots-clés, je lis les choix de réponses, j'imagine le type de réponses à apporter.

▸ **Je n'hésite pas à utiliser la feuille de brouillon** pour y noter les idées essentielles, les informations précises, etc.

▸ **Je relis une dernière fois toutes mes réponses** pour vérifier que j'ai bien répondu à tout le questionnaire sur ma copie.

Prêt pour l'examen !

Communication

- Identifier une situation (personnelle, publique, éducationnelle)
- Repérer le sujet principal d'un document sonore
- Comprendre des conversations personnelles
- Comprendre des émissions de radio courtes et simples
- Comprendre des faits, des informations concrètes
- Identifier la fonction des locuteurs

Socioculturel

- Identifier des médias spécifiques (radio, télévision, Internet, conversations)
- Repérer les différentes formes de documents sonores (dialogue, reportage, etc.)
- Identifier les différences de registres de langue
- S'intéresser à l'actualité dans le domaine de l'éducation

Grammaire

Temps et modes (indicatif, conditionnel présent, quelques verbes simples au subjonctif, impératif)

Connecteurs logiques (cause, but, conséquence, concession, opposition)

Phrases simples

Phrases complexes

L'hypothèse

Tournures impersonnelles

Vocabulaire

- Études
- Famille
- Loisirs
- Opinion
- Projets
- Sentiments
- Vie scolaire

STRATÉGIES

1. Je fais attention aux voix (nombre, type), aux intonations, aux sentiments exprimés à l'oral.

2. Je note sur ma feuille de brouillon toutes les informations utiles sur les interlocuteurs (nom, prénom, âge, famille, intérêts, projets, opinions, etc.).

3. Si jamais je ne comprends pas une information, je m'aide du contexte et je me concentre sur le vocabulaire connu.

POUR COMPRENDRE

Introduire un sujet
- Je voudrais te parler…
- À propos des vacances, c'est toujours bon pour toi ?
- Alors, cette semaine à la mer ?
- Aujourd'hui, notre émission a pour sujet…
- Nous allons voir ensemble pendant une heure le thème du…

Comprendre des opinions et des sentiments
- Je suis de ton avis.
- C'est une très bonne idée.
- C'est une honte !
- Vous vous trompez.
- Il est évident que…
- Je suis vraiment déçu(e).
- Lucie se fait du souci pour Jean-Loup.
- Elle se sent mieux.
- Ce n'est pas la peine de s'énerver.

La famille
- Une situation de famille
- L'état civil
- Un époux, une épouse
- Un enfant
- Vivre ensemble
- Se marier
- Se séparer
- Divorcer

Les loisirs
- Le goût
- Les vacances
- L'intérêt
- Le jeu
- L'activité

- Le sport
- Le spectacle
- La représentation
- Le festival
- L'exposition
- S'intéresser à
- Se distraire
- Se passionner pour

La vie scolaire
- La crèche, la garderie
- L'école maternelle
- L'école primaire
- Le collège, le lycée
- L'université
- Le maître, le professeur
- Le programme
- La note
- Le bulletin
- Le diplôme
- La matière
- Autoritaire
- S'inscrire
- Réussir
- Obtenir
- Suivre

Les idées
- L'idée, la pensée
- L'esprit, la conscience
- La réflexion, le savoir
- L'expérience
- La théorie
- Le fait, la preuve
- Rationnel(le)
- Pratique
- Philosophique
- Psychologique
- Concret / concrète, abstrait(e)
- Réfléchir

- Conclure
- Déduire
- Supposer
- Observer
- Constater

Les sentiments
- Le caractère
- L'admiration
- La curiosité
- La confiance
- Le dégoût
- La douceur
- L'égoïsme
- L'énervement
- L'ennui
- L'enthousiasme
- L'envie
- La force
- La faiblesse
- La fierté
- La prudence
- Sincère
- Sociable
- Optimiste
- Ordonné(e)
- Irrité(e)
- Indifférent(e)
- Révolté(e)
- Fâché(e)
- Discret / discrète
- Tolérant(e)
- Ressentir
- Montrer
- Décevoir
- Déranger
- Douter
- Respecter
- Souffrir
- Supporter

Je suis prêt(e) ?

Les 4 questions à se poser

Je relis les rubriques « Je retiens » et je choisis les 4 conseils les plus importants pour moi :

1. ......
2. ......
3. ......
4. ......

À faire

avant l'examen

☐ **Enrichir** **son vocabulaire** : écrire des listes de mots ou expressions sur les thèmes de la vie publique, éducationnelle et personnelle.

☐ **Regarder** **chaque jour de petites vidéos en français** **(émissions, séries, bandes-annonces, publicités, etc.) sur Internet ou à la télévision**
L'image facilite la compréhension.

☐ **Écouter** **régulièrement la radio francophone sur Internet**

☐ **S'entraîner** **à prendre des notes pour améliorer sa capacité de compréhension**

le jour de l'examen

☐ apporter sa pièce d'identité, sa convocation, un stylo noir ou bleu

☐ être reposé(e), détendu(e)

☐ bien comprendre les questions et répondre après la première écoute aux questions qui semblent les plus faciles

☐ en cas d'erreur, corriger clairement

Compréhension

des

écrits

COMPRENDRE

L'ÉPREUVE

La compréhension des écrits est la deuxième épreuve de l'examen du DELF B1.

Nombre d'exercices
3 exercices pour le niveau B1

Compréhension des écrits
Réponse à des questionnaires de compréhension portant sur plusieurs documents écrits :
– dégager des informations utiles par rapport à une tâche donnée ;
– analyser le contenu d'un document d'intérêt général.

45 minutes

.../25

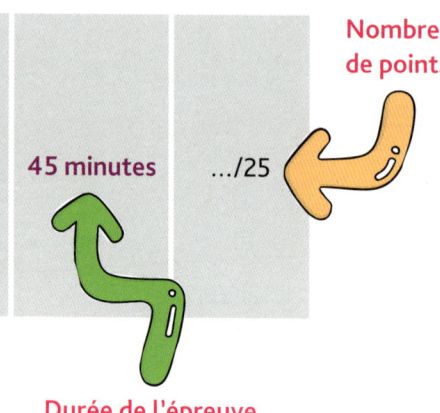

Nombre de points

Durée de l'épreuve

Objectifs des exercices
1. Lire pour s'orienter
2. Lire pour s'informer (domaine public)
3. Lire pour s'informer (domaine éducationnel)

LES SAVOIR-FAIRE

Il faut principalement être capable de :

Sélectionner les informations utiles pour accomplir une tâche

▸**Exemple :**

	OUI	NON
Restaurant français	☐	☐
Réservation possible	☐	☐

Comprendre le sujet ou le thème principal du document

▸**Exemple :**
L'article parle des jeunes qui...
a. ☐ veulent partir à l'étranger pour étudier.
b. ☐ préparent un voyage scolaire à l'étranger.
c. ☐ imaginent travailler à l'étranger après leurs études.

Identifier les points de vue exprimés

▸**Exemple :** Que pense Axel des nouveaux horaires des cours ?
a. ☐ Il apprécie la nouvelle organisation de l'école.
b. ☐ Il trouve que c'est insuffisant comme amélioration.
c. ☐ Il préfère ne pas exprimer son opinion sur ce sujet.

Comprendre des points significatifs

▸**Exemple :**
Le professeur de chant demande des heures supplémentaires.
☐ Vrai
☐ Faux

LES EXERCICES ET LES DOCUMENTS

	Supports possibles	Type d'exercice	Nombre de points
Exercice 1 Lire pour s'orienter DOMAINE PERSONNEL	▶ Brochures, dépliants, prospectus	Des tableaux avec des critères de sélection	8 points
Exercice 2 Lire pour s'informer DOMAINE PUBLIC	▶ Articles de presse, extraits de journaux francophones	Un questionnaire (7 questions)	8 points
Exercice 3 Lire pour s'informer DOMAINE ÉDUCATIONNEL	▶ Articles de presse, extraits de journaux francophones	Un questionnaire (7 questions)	9 points

LA CONSIGNE

La consigne est importante ?

C'est quoi ?

Oui, elle donne la situation générale et dit quoi faire.

▶ Exemple :
« Vous lisez cet article dans un journal français. Répondez aux questions. »

C'est une phrase générale au début de l'épreuve. Elle explique ce qu'il faut faire.
▶ Exemple :
« Répondez aux questions en cochant (X) la bonne réponse. »

Quand lire les consignes ?

Avant de lire les documents.

Quand répondre aux questions ?

Après la première lecture des documents.

LES QUESTIONS ET LES RÉPONSES

Pour l'exercice 1 :

- **le tableau avec des critères de sélection :** indiquer à l'aide d'une croix si le critère est respecté (Oui ou Non).

Pour les exercices 2 et 3 :

- **les questions à choix multiple (QCM) :** sélectionner la bonne réponse parmi les trois choix. Il y a 1 seule réponse correcte.

- **les questions vrai/faux :** cocher pour indiquer si une affirmation est vraie ou fausse.

CONSEILS

- Consacrer environ 15 minutes par exercice.
- Faire une lecture sélective et rapide des documents.
- Prendre 5 minutes pour vous relire à la fin.

1 Lire pour s'orienter

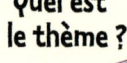

Quel est le thème ?

— Comprendre des documents informatifs courts

Activité 1

Lisez les documents, repérez les informations pertinentes et répondez aux questions en cochant « Oui » ou « Non ».

Document 1

PROCHAINE SÉANCE : 18 H 20

Le Grand Restaurant est un film de 1966 du réalisateur Jacques Besnard avec les acteurs Louis de Funès et Bernard Blier. Le film parle d'un « grand restaurant » dirigé par monsieur Septime, lieu gastronomique célèbre de Paris qui accueille de grandes personnalités.

1 - Le document 1 permet d'obtenir des informations sur un cinéma.
☐ Oui ☐ Non

2 - Le « Grand restaurant » se trouve à Paris.
☐ Oui ☐ Non

Document 2

1 - Le document 2 permet d'obtenir des informations sur un film.
☐ Oui ☐ Non

2 - La cérémonie des César se déroule au *Fouquet's Paris*.
☐ Oui ☐ Non

Ouverture de 19 h à 23 h 30

Grand restaurant parisien, le *Fouquet's Paris* est célèbre dans le milieu du cinéma. Quelques semaines avant la cérémonie des César du cinéma, les acteurs et les actrices nommés viennent manger le repas préparé par le chef.

Document 3

Ouvert de 12 h à 19 h

Situé à Paris, le musée du cinéma accueille de nombreux objets qui racontent l'histoire du cinéma en général et aussi des plus grands films français. De grandes expositions sont organisées en présence d'artistes célèbres pour les inaugurations.

1 - Le document 3 permet d'obtenir des informations sur un musée.
☐ Oui ☐ Non

2 - Des artistes célèbres viennent exposer leurs objets préférés.
☐ Oui ☐ Non

Activité 2

Pour comparer des documents courts entre eux, vous devez repérer les mêmes informations. Par exemple, vous pouvez souligner d'une couleur les lieux dans les annonces pour voir rapidement cette information.

Vous lisez des annonces sur des activités sportives. Soulignez en bleu les lieux, en vert les activités, en noir les durées et en rouge les coûts.

Annonce 1

Cours de tennis

Vous habitez à Paris ou dans la région parisienne et vous souhaitez prendre des cours de tennis ? Nous vous donnons rendez-vous à Roland-Garros.
Chaque cours dure 1 mois. Chaque mois, nous évaluons votre niveau pour vous inscrire dans le cours correspondant.
Le tarif est unique et mensuel : 95 €.
Notre structure propose de nouveaux bâtiments pour vous détendre et boire un verre après les cours. Pour les membres, toutes les boissons sont à 10 €.

Annonce 2

École de danse de Genève

C'est l'école la plus célèbre de Suisse. Elle accueille des élèves de 10 à 29 ans. Les cours ont lieu de janvier à novembre avec une pause d'un mois en août. Il n'est pas possible de s'inscrire en cours d'année. Les inscriptions sont ouvertes de septembre à novembre. L'inscription à l'école coûte 120 €. Chaque cours est proposé à un tarif annuel de 450 €.

Annonce 3

Chamonix – France. Offre spéciale !

Apprenez à faire du ski pour un tarif réduit. L'hiver est bientôt là et vous ne savez pas skier ? Notre école vous propose de prendre des cours avec un moniteur professionnel. Les cours se déroulent du vendredi au dimanche, de 15 h à 17 h. Ils permettent de découvrir les bases du ski. Inscription pour 1 personne : 80 €. Pour chaque personne qui vous accompagne, nous vous offrons une réduction de 10 €.

Annonce 4

Découvrez la marche rapide à Toronto

Le club « Vive la marche ! » propose ce sport au cœur de la ville dans le but d'associer l'activité à la visite historique de Toronto. Des marches sont organisées tous les jours et durent 1 h 30 environ. L'inscription est gratuite. Si vous le souhaitez, à la fin de la marche, le club propose une boisson artisanale à 5 €.

Maintenant, complétez le tableau. Vous devez cocher le numéro de l'annonce correspondant à l'information.

Lieu				Activité			
Chamonix ☐ 1 ☐ 2 ☐ 3 ☐ 4	Genève ☐ 1 ☐ 2 ☐ 3 ☐ 4	Paris ☐ 1 ☐ 2 ☐ 3 ☐ 4	Toronto ☐ 1 ☐ 2 ☐ 3 ☐ 4	Danse ☐ 1 ☐ 2 ☐ 3 ☐ 4	Marche ☐ 1 ☐ 2 ☐ 3 ☐ 4	Ski ☐ 1 ☐ 2 ☐ 3 ☐ 4	Tennis ☐ 1 ☐ 2 ☐ 3 ☐ 4

Durée				Coûts d'inscription			
1 mois ☐ 1 ☐ 2 ☐ 3 ☐ 4	De janvier à novembre ☐ 1 ☐ 2 ☐ 3 ☐ 4	1 h 30, tous les jours ☐ 1 ☐ 2 ☐ 3 ☐ 4	2 h, du vendredi au dimanche ☐ 1 ☐ 2 ☐ 3 ☐ 4	Gratuit ☐ 1 ☐ 2 ☐ 3 ☐ 4	80 € ☐ 1 ☐ 2 ☐ 3 ☐ 4	95 € ☐ 1 ☐ 2 ☐ 3 ☐ 4	120 € ☐ 1 ☐ 2 ☐ 3 ☐ 4

▬ Sélectionner des informations

Activité 3

Vous cherchez une activité sportive qui correspond à vos critères. Cette activité doit se faire dans le stade olympique et tout le matériel doit être inclus.

Lisez les annonces suivantes puis complétez le tableau. Pour chaque annonce, cochez OUI ou NON à chaque affirmation.

1. Cours de football

Bureau des inscriptions : 12, rue du Stade olympique
Cours : Stade olympique, terrain n° 2
Les cours de football ont lieu tous les mercredis et samedis. Les matchs se déroulent chaque dimanche matin. Les élèves doivent apporter leurs chaussures et acheter la tenue de l'équipe. Le club donne les ballons et les boissons. Le tarif d'inscription au club est de 40 € par mois.

2. Cours de tennis

Bureau des inscriptions : 81, allée des Cerisiers (cours à la même adresse)

Les cours de tennis ont lieu uniquement les dimanches matin. Il est possible de venir jouer les samedis mais les professeurs ne seront pas disponibles. Les élèves doivent apporter leur raquette.

Le club donne les balles. Pour suivre les cours, les élèves doivent régler au début de chaque mois la somme de 80 €.

Il est possible de louer des raquettes pour 5 €.

3. Cours de basket-ball

Bureau des inscriptions : Club municipal du basket-ball, Hôtel de ville

Cours : terrains à l'entrée du stade olympique

Les cours de basket-ball se déroulent les mercredis matin et samedis après-midi. Il y a parfois des matchs les samedis soir.

Le club fournit l'ensemble du matériel. Il est possible de régler l'inscription mensuelle de 60 € par chèque ou par virement bancaire.

	Annonce 1	Annonce 2	Annonce 3
L'activité sportive se pratique dans le stade olympique.	☐ Oui ☐ Non	☐ Oui ☐ Non	☐ Oui ☐ Non
Tout le matériel est inclus.	☐ Oui ☐ Non	☐ Oui ☐ Non	☐ Oui ☐ Non

▬ Comparer des informations

Activité 4

Vous voulez proposer une activité à vos amis. Cette activité doit :
- être dans le centre-ville ;
- permettre d'acheter un souvenir ;
- être réalisable par un groupe de 6 personnes.

Vous lisez les annonces puis complétez le tableau. Pour chaque annonce, cochez OUI si cela correspond au critère ou NON si cela ne correspond pas.

Arcades jeux vidéo

Venez découvrir les nouvelles arcades de jeux vidéo dans le centre commercial du centre-ville. Avec plus de 40 jeux disponibles, venez vous amuser avec vos amis. Vous trouverez de nombreux jeux à faire seul ou en bonne compagnie. Les samedis, nous proposons des compétitions pour des groupes à partir de 5 personnes. Sur place, vous pourrez manger et boire. Un verre spécial « Nouvelles arcades » est à la vente. On vous attend !

Atelier artistique

Vous êtes créatif, vous aimez la science et vous avez un « bon » nez ? Venez fabriquer votre parfum ! Notre usine-boutique situé rue de la forêt, à côté des champs de tulipes, vous donne rendez-vous dans sa cuisine. Réservez votre place sur notre site internet. Nous accueillons des groupes jusqu'à 10 personnes. Pendant l'atelier, vous apprendrez à créer votre parfum avec l'aide d'un professionnel. Bien sûr, à la fin de l'atelier, vous repartirez avec votre parfum, dans une bouteille de 50 cl. Tarif : 20 € par personne.

Bowling

Votre bowling, situé sur la nationale 2 près de la sortie du village, fêtera bientôt ses 10 ans. Pour cet anniversaire, nous offrons les boissons à volonté du mardi 2 au dimanche 7 mai pour les groupes de 5 personnes. Vous découvrirez les nouvelles machines et des écrans plus grands, facilement lisibles pour les amis ou les familles de 2 à 5 personnes. Nous lançons également un concours. L'année prochaine, nous mettrons à la vente quelques objets pour les grands joueurs de bowling. Nous avons besoin de vos idées pour trouver les objets les plus originaux.

Parc aquatique

Le parc aquatique situé à côté de l'hôtel de ville change ses tarifs. Une carte est désormais disponible au prix de 35 €. Elle permet d'accéder au parc 3 fois. Un billet pour une entrée coûte 15 €. Nous avons pensé aux familles et aux groupes. Il est possible de réserver des billets sur notre site internet au tarif de 9 € pour les familles ou groupes à partir de 4 personnes. Nouveauté : notre photographe se balade dans le parc et prend des photos à la demande des visiteurs. Vous pourrez acheter votre photo avec un cadre inclus.

	Arcades jeux vidéo	Bowling	Atelier artistique	Parc aquatique
Centre-ville	☐ Oui ☐ Non	☐ Oui ☐ Non	☐ Oui ☐ Non	☐ Oui ☐ Non
Achat souvenir	☐ Oui ☐ Non	☐ Oui ☐ Non	☐ Oui ☐ Non	☐ Oui ☐ Non
6 personnes	☐ Oui ☐ Non	☐ Oui ☐ Non	☐ Oui ☐ Non	☐ Oui ☐ Non

2 Lire pour s'informer (domaine public)

▬ Être capable de dégager le thème principal

Activité 5

Pour faciliter la compréhension d'un texte, il est important de regarder sa structure avant de découvrir le contenu.

Voici un article. Ne lisez pas cet article et allez directement aux questions.

Les jeunes et la musique : quels dangers auditifs ?

Le professeur Bruno Frachet, président d'Agir pour l'audition, et le docteur Waël Khazen, chef de projet de recherche clinique à l'hôpital Rotschild, alertent sur les dangers de l'écoute de la musique à l'aide de casque.

D'ici les années 2050, les jeunes d'aujourd'hui seront devenus les seniors de demain. Ces seniors de demain entendront-ils mieux que leurs aînés d'aujourd'hui ? Malheureusement, les dernières études montrent le contraire. **Le danger pour les jeunes d'aujourd'hui est important : ils risquent d'être la première « génération sacrifiée », celle qui a perdu une partie de son audition à cause de la musique.** Concerts trop forts et trop réguliers, discothèques avec le son au maximum, écoute au casque à un volume trop élevé, sur des périodes trop longues… De nombreuses études ont, ces dernières années, confirmé ce que tous pensaient : les habitudes d'écoute musicale des jeunes créent des traumatismes auditifs qui vont provoquer de manière certaine la baisse d'audition à partir de 65 ans. Selon l'Organisation mondiale de la santé, 1,1 milliard de jeunes dans le monde risqueraient une perte auditive liée à l'exposition à la musique. L'association de Bruno Frachet a testé l'audition de 1 618 jeunes de 17-28 ans dans des universités parisiennes. Le résultat : sept jeunes sur dix avaient des problèmes d'audition.

Comportements à risque

Pourquoi ces nouveaux comportements à risque ? La jeunesse aime la relation entre plaisir et danger comme l'illustrent le rock, la cigarette ou la moto. Et le casque audio a fait son apparition. Cet objet a de nombreux avantages : afficher une identité pour être à la mode, contrôler le niveau sonore soi-même, avoir une musique partout et tout le temps. **Les volumes d'écoute au casque sont trop élevés et les temps d'exposition durent trop longtemps** (on s'endort souvent avec le casque sur la tête). C'est cette combinaison durée-intensité qui détruit notre oreille interne. Et rien ne se répare dans l'oreille, en tout cas pas de nos jours – espérons que cela change dans l'avenir.

Il est temps d'agir pour l'audition

Comme pour l'exposition au soleil – qui a elle aussi produit une génération sacrifiée dans les années 1970 –, s'exposer trop longtemps, aux heures trop intenses, sans protection, c'est prendre un risque majeur.

> Toutes ces données montrent l'urgence croissante du problème. Si les seniors utilisent encore peu les appareils auditifs pour mieux entendre, en revanche, les pratiques d'écoute des jeunes ont empiré. L'audition de la population française de demain se décide dès ce soir dans un concert, dès ce matin dans le métro. Et il est si facile de se protéger.
>
> Il est temps d'agir pour l'audition : **communiquer par des campagnes auprès des jeunes et agir avec les responsables politiques.** Il faut mener le même combat que celui contre le tabac chez les jeunes. Ne laissons pas les jeunes perdre aujourd'hui leurs plaisirs auditifs de demain.

1 - Titre

a. Quel est le titre de l'article ? ....

b. Le titre donne…

☐ la thématique.

☐ l'opinion du journaliste.

☐ l'introduction de l'article.

2 - Chapeau

a. Entourez le chapeau de l'article en bleu.

b. Le chapeau est important parce qu'il…

☐ conclut l'article.

☐ introduit le sujet.

☐ présente le journaliste.

3 - Intertitres

a. Entourez les intertitres dans l'article en vert.

b. L'intertitre permet de…

☐ rappeler le titre.

☐ faire un résumé de l'article.

☐ faire une transition d'une idée à une autre.

Lisez maintenant le texte et répondez à ces deux questions de compréhension.

4 - La musique est dangereuse pour les jeunes à cause…

☐ des chansons qui disent de fumer.

☐ du temps d'écoute qui est trop important.

☐ de la violence qui est présente à la sortie des concerts.

5 - Pour faire des actions concrètes, le journaliste propose de travailler avec…

☐ les seniors.

☐ les professeurs.

☐ les responsables politiques.

— Repérer les informations utiles

Activité 6

Pour repérer une information dite « utile », vous devez vous poser les questions « qui ? », « où ? », « quand ? », « pourquoi ? » et « de quoi s'agit-il ? » ou « quel est le sujet traité ? ». Lisez l'article et posez-vous ces questions pour chacune des trois parties.

Cette jeunesse qui ne veut plus rouler en voiture

Pour les jeunes, passer le permis de conduire n'est plus une nécessité. Pour entrer dans la vie adulte, ils préfèrent désormais demander à leurs parents une carte bancaire, un ordinateur ou même un vélo.

Une problématique des habitants des grandes villes
Le phénomène n'est pas présent partout. Il concerne les grands centres urbains car, ailleurs, comme dans les banlieues ou les zones rurales, accéder à l'emploi passe par l'automobile. À Paris, 22 % des 18-20 ans savent conduire contre 67 % en campagne. Mais ils passent le permis tôt ou tard par nécessité. Ce n'est pas une vie sans permis, c'est une jeunesse sans permis. À New York, la moitié seulement des jeunes de 19 ans ont le permis de conduire. Le phénomène est sensiblement le même à Londres, Berlin, Tokyo, Barcelone, Montréal…

La liberté des jeunes ne passe plus par la voiture, mais par le smartphone. Ils ne quittent plus leurs parents à 18 ans, mais à 13 ans, dans leur chambre.

Une raison économique
La nouvelle génération cherche à limiter ses dépenses. Par exemple, les jeunes achètent des billets d'avion à bas prix ou des billets de train de seconde main sur Internet. En vacances, ils renoncent aux déplacements en voiture et se retrouvent à Barcelone ou sur une île grecque bien équipée en bus. Ou encore, ils font appel à leurs amis titulaires du permis de conduire pour effectuer un déménagement, faire des courses, se rendre à un événement.
Le permis, la voiture, l'essence, l'assurance, le stationnement représentent un coût énorme dans le budget d'un jeune qui étudie encore ou qui fait ses premiers pas dans la vie active.

D'autres services à portée de main
Marche, bus, métro, tramway, vélo en libre-service, scooter, vélo électrique, covoiturage, taxis… Tous ces moyens de déplacement ne donnent plus envie d'acheter sa propre voiture qui restera 80 % du temps immobile. Grâce aux services de covoiturage à la mode, les jeunes prévoient de retarder encore davantage l'achat de leur voiture. Ils préfèrent partager un voyage en bonne compagnie.
Et surtout, au XXIe siècle, la voiture n'est plus synonyme de modernité et n'occupe plus l'imaginaire. Et comme nous éprouvons moins de sentiments face à l'automobile, nous en voulons moins dans nos villes. Les jeunes de la nouvelle génération attendent avec impatience les premières voitures autonomes qui circuleront sur les routes. Alors pourquoi passeraient-ils leur permis ?

D'après *Le Monde*, Pascale Krémer, 18 septembre 2015.

1 - Pour chaque partie, donnez l'information la plus importante.

a. Partie 1, « Une problématique des habitants des grandes villes » :

....

....

....

b. Partie 2, « Une raison économique » :

....

....

....

c. Partie 3, « D'autres services à portée de main » :

....

....

....

2 - Les jeunes des villes ne passeront jamais leur permis. ☐ Vrai ☐ Faux

3. Les jeunes font attention à leurs dépenses.   ☐ Vrai ☐ Faux

4. Le service de covoiturage donne envie d'acheter sa propre voiture.   ☐ Vrai ☐ Faux

▬ Identifier les points de vue exprimés

Activité 7

Classez les déclarations suivantes dans le tableau.

1 - J'ai l'intention de voter pour lui comme délégué de la classe.

2 - Même si je ne suis pas d'accord avec ses idées, j'accepte de le rencontrer.

3 - Tu te trompes !

4 - Je dois reconnaître que son argument est fort.

5 - Personnellement, je crois que tu as tort.

6 - Tu as totalement raison de lui répondre.

7 - Parler en même temps que son professeur, c'est inacceptable.

8 - Je t'interdis de sortir ce soir.

Déclarations positives	Déclarations négatives
....	....
....	....
....	....

Activité 8

Lisez l'article suivant et répondez aux questions.

La nouvelle génération et les réseaux sociaux

Facebook, Twitter, Snapchat, WhatsApp, Skype, Ask.fm... Les adolescents utilisent des applications que leurs parents ne connaissent pas.

Aujourd'hui, le deuxième usage fait du téléphone portable par les adolescents, après l'envoi de messages, est la consultation des réseaux sociaux. Les parents, en retard d'une génération, ne sont pas toujours conscients du nombre et de l'importance des réseaux sociaux.

L'adolescent français moyen reçoit son premier téléphone mobile à 11 ans. Il envoie 381 messages par semaine. Et il utilise à chaque fois moins Facebook car il est « ami » avec ses parents. Aux États-Unis, 70 % des adolescents sont « amis » avec leurs parents. Sous la pression parentale, le jeune est obligé d'accepter le lien virtuel mais il trouve une solution à cette contrainte. Il sélectionne les informations qu'il publie selon le réseau social. Et puisque les parents ne connaissent pas toute l'offre de réseaux sociaux auxquels les adolescents se connectent quotidiennement, il leur est impossible d'avoir accès à tout ce que dit leur enfant.

70 % des jeunes cachent à leurs parents ce qu'ils mettent en ligne. C'est la raison pour laquelle ils préfèrent utiliser leur smartphone plutôt que l'ordinateur familial. Ainsi, il est plus facile de garder secrètes ses activités sur le Net.

Une récente étude a démontré que les adolescents qui envoient le plus de messages et qui se connectent beaucoup aux réseaux sociaux sont aussi ceux qui ont le plus d'interactions dans la « vraie vie ». Alors, chers parents, ne vous inquiétez plus !

L'avis des jeunes sur les réseaux sociaux

Facebook reste fortement apprécié par les jeunes car c'est une sorte de carte d'identité officielle sur Internet avec un profil idéal et socialement valorisant. Toutefois, beaucoup pensent qu'il s'agit aujourd'hui d'un réseau pour la famille et les personnes plus âgées. Ils préfèrent alors ne pas y raconter leur vie et l'utiliser comme une autre messagerie instantanée avec les messages privés. Sophie, 16 ans, ajoute que « Facebook reste un réseau social obligatoire, facile à utiliser et nécessaire pour être connecté avec tous mes amis mais ce n'est pas celui que j'utilise le plus. »

Snapchat est LE réseau social à la mode chez les jeunes. Il s'y échange 400 millions de photos par jour. « C'est simple à utiliser et c'est rapide » dit Matteo, 12 ans, dont les parents « ne connaissent pas Snapchat » et qui échange entre 15 et 20 photos par jour avec ses amis. « J'utilise cette application parce que je préfère raconter ma journée avec des images et pas avec des mots. », ajoute Matteo.

La messagerie instantanée WhatsApp est devenue le cinquième réseau social mondial avec 350 millions d'utilisateurs actifs par mois, derrière Facebook (1,16 milliard par mois), YouTube, Qzone et Sina Weibo, deux sites chinois. Léo, 15 ans, utilise tous les jours cette application : « J'adore WhatsApp. Je peux tout faire : envoyer des messages, des photos, des enregistrements audio et même téléphoner. Quand je prends mon téléphone, c'est pour utiliser WhatsApp. »

1 - Quel est le thème de l'article ?

a. ☐ Les risques liés aux réseaux sociaux.

b. ☐ Les activités des adolescents sur les réseaux sociaux.

c. ☐ L'augmentation du nombre de réseaux sociaux et d'applications.

2 - Les adolescents utilisent moins Facebook parce qu'ils ont moins d'amis.

☐ Vrai ☐ Faux

3 - Pourquoi les jeunes préfèrent-ils utiliser leur smartphone plutôt que l'ordinateur ?

a. ☐ Parce qu'on peut utiliser le smartphone partout.

b. ☐ Parce que la connexion à Internet est plus rapide.

c. ☐ Parce que l'ordinateur est partagé avec toute la famille.

4 - Les adolescents qui se connectent aux réseaux sociaux ont des difficultés à échanger dans la vie.

☐ Vrai ☐ Faux

5 - Les jeunes…

a. ☐ n'utilisent plus…

b. ☐ continuent d'utiliser…   …Facebook.

c. ☐ utilisent seulement avec leur famille…

6 - Au sujet de Facebook, Sophie est…

a. ☐ réservée.

b. ☐ mécontente.

c. ☐ enthousiaste.

7 - Pourquoi est-ce que Matteo préfère Snapchat ?

a. ☐ Il aime partager ses activités avec des photos.

b. ☐ Il peut échanger des photos avec ses parents et ses amis.

c. ☐ Il peut utiliser l'application tous les jours sur son smartphone.

8 - Léo décrit WhatsApp de manière…

a. ☐ très positive.

b. ☐ plutôt positive.

c. ☐ négative.

3 Lire pour s'informer (domaine éducationnel)

Comprendre des informations sur l'école

Activité 9

Lisez l'article et répondez aux questions.

Suisse : des élèves heureux dans leur école un peu spéciale...

Dans le sud-ouest de la Suisse, la directrice a changé les règles pour respecter les choix des élèves : son objectif est de faciliter l'apprentissage grâce au bien-être. Chaque enfant a donné une idée pour que la journée à l'école se passe bien. La directrice a créé un nouveau règlement avec ces idées.

Claire a 13 ans et elle nous raconte son quotidien dans une école un peu spéciale.

« On commence à 9 h et on sort à 16 h 05. Comme il y a des élèves qui n'habitent pas à côté, on mange à l'école et on a le mercredi de libre toute la journée, et pas seulement l'après-midi. Ce que j'aime dans cette école, c'est que nous avons la possibilité de travailler à notre propre rythme et de prendre nos décisions en autonomie ; cela renforce notre indépendance et nous prépare mieux à nos futurs projets professionnels. Nous sommes également libres de lancer et mettre en œuvre nos propres projets. Avec trois autres camarades, nous avons décidé de créer un journal, par exemple. Nous avons reçu l'aide d'un professeur tout au long du projet, de la couverture à la rédaction des articles. Aussi, chaque semaine, nous avons des entretiens individuels avec un professeur où nous discutons de nos progrès et des enseignements dispensés à l'école.

Une fois par mois, il y a la réunion des animaux. Les élèves viennent à l'école avec leur chien. En général, nous pratiquons du sport ou parfois, nous allons en forêt. C'est une excellente façon de partager des moments avec les élèves des autres classes parce que les chiens viennent vous chercher pour jouer ! »

1 - Qu'est-ce la directrice a fait ?

a. ☐ Elle a ouvert une nouvelle école pour les jeunes élèves.

b. ☐ Elle a donné ses idées aux élèves pour changer les règles.

c. ☐ Elle a changé l'organisation de l'école avec l'aide des élèves.

2 - Pourquoi la journée termine à 16 h 05 ?

a. ☐ Parce que les élèves arrivent très tôt à l'école.

b. ☐ Parce que tous les élèves mangent à la cantine.

c. ☐ Parce que les élèves travaillent le mercredi matin.

3 - Comment les élèves apprennent-ils à prendre leurs décisions ?

a. ☐ Ils sont suivis chacun par un professeur.

b. ☐ Ils organisent leur journée selon leur envie.

c. ☐ Ils travaillent seulement sur des projets collectifs.

4 - Quel est l'objectif du rendez-vous avec le professeur ?

a. ☐ Faire les devoirs de la semaine.

b. ☐ Préparer la réunion avec les parents.

c. ☐ Parler de ses nouvelles connaissances.

5 - Les chiens permettent aux élèves de se rencontrer plus facilement.

☐ Vrai ☐ Faux

Activité 10
Lisez l'article et répondez aux questions.

Interdire les téléphones portables à l'école ?

Au Royaume-Uni, dès l'âge de 11 ans, la plupart des enfants possèdent un téléphone. En Chine, c'est à un âge encore plus précoce qu'ils en obtiennent un : 88 % des élèves âgés de 6 ans à 8 ans auraient leur propre portable. Ces téléphones, ils peuvent donc les emmener avec eux à l'école. D'ailleurs, ce sont les parents qui demandent aux enfants d'avoir leur téléphone sur eux pour des raisons de sécurité.

Mais les établissements scolaires peuvent considérer le téléphone comme une source de distraction. En France, leur utilisation est interdite pendant les heures de cours et les récréations, au moins jusqu'au lycée. Ce n'est pas facile à faire respecter.

1 - Les enfants prennent leur téléphone à l'école pour…

a. ☐ jouer avant le cours ou après le cours.

b. ☐ travailler en classe avec les autres élèves.

c. ☐ appeler leurs parents en cas de problème.

2 - Au collège en France, à quel moment les élèves peuvent-ils utiliser leur téléphone ?

a. ☐ Pendant les récréations uniquement.

b. ☐ À la sortie du collège, après les cours.

c. ☐ Durant les cours, avec l'accord du professeur.

Certaines études ont montré que l'interdiction du téléphone portable pouvait améliorer les résultats scolaires des élèves. C'est certainement vrai pour les plus jeunes élèves mais ce n'est pas toujours le cas pour les grands adolescents.

On a par exemple observé que des élèves de 18 ans n'utilisaient leurs téléphones que pendant les interclasses, avant le début ou à la fin d'un cours, en attendant l'arrivée d'un professeur. De plus, il s'agissait souvent d'une activité individuelle, ne perturbant pas l'apprentissage.

Plutôt que de considérer les téléphones mobiles comme des sources de distraction, on pourrait s'en servir pour faciliter l'apprentissage.

Une initiative comme «Bring your own device», testée dans des établissements du secondaire en Nouvelle-Zélande, a permis de constater que les compétences numériques des élèves s'amélioraient lorsqu'ils pouvaient utiliser leurs propres smartphones et tablettes en cours.

Au lieu d'interdire les téléphones, les écoles pourraient mettre en place des politiques intégrant un certain nombre de savoir-faire numériques et sensibiliser les jeunes aux risques des écrans et des réseaux sociaux. Ce serait former les nouvelles générations à un usage responsable des smartphones.

D'après *The Conversation France*, 6 septembre 2022.

3 - Le journaliste estime que l'interdiction n'est pas toujours nécessaire, pourquoi ?

a. ☐ Les élèves peuvent utiliser leur téléphone pour les travaux individuels.

b. ☐ Les élèves plus âgés sont raisonnables dans l'utilisation de leur téléphone.

c. ☐ Les élèves plus jeunes obtiennent de bons résultats grâce à leur téléphone.

4 - En quoi le téléphone peut-il être utile en classe ?

a. ☐ Il permet de communiquer avec des élèves d'autres pays.

b. ☐ Il facilite l'apprentissage de nouveaux savoirs numériques.

c. ☐ Il assiste dans les recherches et la construction de projets.

5 - Les écoles doivent continuer à interdire les téléphones pour protéger les jeunes des réseaux sociaux.

☐ Vrai ☐ Faux

1 Lire pour s'orienter

8 points

▸ Lisez attentivement la consigne et découvrez le contexte. Dans cet exercice, vous êtes en France, à Paris, avec votre famille. Votre objectif est de sélectionner un musée.

▸ Dans la consigne de cet exercice, il y a toujours une liste avec 4 critères. Les critères sont les informations que vous devez chercher dans les documents. Vous pouvez souligner les mots importants dans chaque critère pour facilement identifier les informations à repérer.

Vous êtes en vacances à Paris avec votre famille. Vous cherchez un musée qui correspond à vos critères. Le musée doit :
- être dans la ville de Paris ;
- être ouvert le samedi ;
- proposer des traductions des expositions ;
- permettre d'acheter un souvenir.

Vous comparez ces annonces. Pour chaque annonce, cochez OUI si cela correspond au critère ou NON si cela ne correspond pas (0,5 point par bonne réponse).

▸ Après la lecture de la consigne, reformulez dans votre tête ou sur votre feuille de brouillon les 4 critères. Par exemple :

• être dans la ville de Paris : le musée doit être à l'intérieur de la ville de Paris, dans le centre par exemple ; il ne doit pas être dans une autre ville.
• être ouvert le samedi : le musée doit ouvrir ses portes le samedi toute la journée, ou le matin uniquement, ou l'après-midi uniquement.
• proposer des traductions des expositions : le musée doit proposer une offre pour comprendre les expositions dans des langues étrangères.
• permettre d'acheter un souvenir : le musée doit avoir un magasin de souvenirs ou il doit vendre des objets.

▸ Lisez les 4 documents avant de cocher les cases. Dans chaque document, soulignez les informations qui permettent de répondre aux 4 critères (les correcteurs du DELF n'observent pas ce que vous soulignez dans les documents).

▸ Il y a un tableau avec des cases à cocher. Cochez OUI ou NON pour chaque critère. Attention, il faut cocher seulement 1 case par critère (OUI ou NON) ; pour chaque document, vous devez donc cocher 4 cases (0,5 point par bonne réponse, 0 point si les deux cases OUI et NON sont cochées).

1. Musée de la vie romantique

Venez au 16, rue Chaptal dans le 9e arrondissement de Paris pour découvrir le musée de la vie romantique ! Lieu de rendez-vous des  grands artistes de la période romantique, l'Hôtel Scheffer est devenu un musée en 1982. Il propose des œuvres de George Sand et d'Ernest Renan. Le musée propose un tarif unique de 12 euros pour les adultes et les enfants. Prochainement, un système d'audioguide sera proposé pour visiter le musée en anglais et en espagnol. La boutique est actuellement en travaux mais un dépliant est distribué à chaque visiteur à l'entrée. Le musée est ouvert du mardi au dimanche de 10 h à 18 h.

2. Musée du chocolat

La mission du musée est de partager les connaissances sur le chocolat. Chaque année, le musée actualise ses expositions riches de pièces historiques sur le  cacao, le chocolat et les pays producteurs. Récemment, le musée a mis en place les audioguides permettant aux visiteurs de découvrir les expositions dans plus de 12 langues différentes. 9 € le billet, avec audioguide inclus. La boutique vous permettra d'acheter du chocolat du monde entier. Le musée est ouvert tous les jours de 9 h 30 à 18 h 30 ; fermeture à 17 h les samedis. Métro : Bonne Nouvelle, ligne 9, Paris.

3. Musée de l'air et de l'espace

Les aéroports de Paris, Le Bourget, vous ouvrent leurs portes du lundi au vendredi pour découvrir un musée exceptionnel. Situé à seulement 10 minutes de Paris, le musée a pour objectif de conserver et d'enrichir les collections du gouvernement français dans le domaine de l'aéronautique et de l'espace. Un ancien terminal sert d'espace d'accueil pour acheter les billets, manger un sandwich ou acheter un petit souvenir dans notre boutique. Nos guides accueillent avec plaisir les visiteurs du monde entier mais les présentations se font exclusivement en français.

4. Musée Rodin

Ancienne résidence du sculpteur Auguste Rodin, ce magnifique musée est au cœur de Paris avec de grands jardins dans lesquels vous pouvez marcher et découvrir les statues de l'artiste. Votre  billet d'entrée inclut un audioguide et un plan disponibles dans plusieurs langues. Dans chaque salle, des panneaux en français expliquent la vie de Rodin. L'équipe du musée vous accueille tous les jours de la semaine de 10 h à 17 h et les week-ends de 10 h à 19 h. Ouverture prochaine d'une boutique dans les jardins du musée.

	Musée de la vie romantique	Musée du chocolat	Musée de l'air et de l'espace	Musée Rodin
1 - Dans Paris	☒ Oui ☐ Non	☒ Oui ☐ Non	☐ Oui ☒ Non	☒ Oui ☐ Non
2 - Ouverture le samedi	☒ Oui ☐ Non	☒ Oui ☐ Non	☐ Oui ☒ Non	☒ Oui ☐ Non
3 - Traduction des expositions	☐ Oui ☒ Non	☒ Oui ☐ Non	☐ Oui ☒ Non	☒ Oui ☐ Non
4 - Achat de souvenirs	☐ Oui ☒ Non	☒ Oui ☐ Non	☒ Oui ☐ Non	☐ Oui ☒ Non

JE RETIENS

▸ **Je souligne les mots importants** dans la consigne et dans les documents.

▸ **Je lis d'abord les 4 documents** avant de cocher les cases.

▸ **Je coche 1 case par critère** ; je coche donc 4 cases par document (total : 16 cases à cocher).

Exercice 2　　　　　　　　　　　　　　　　　　**8 points**

Vous voulez recevoir chez vous un magazine francophone. Vous cherchez un magazine qui correspond à vos critères. Le magazine doit :
- parler de l'actualité dans les différents pays francophones ;
- proposer deux numéros par mois ou plus ;
- être disponible en version papier et en ligne ;
- s'adresser essentiellement aux adolescents.

Vous comparez ces annonces puis complétez le tableau. Pour chaque annonce, cochez OUI si cela correspond au critère ou NON si cela ne correspond pas (0,5 point par bonne réponse).

1. *L'Univers des Ados*

L'Univers des Ados est un magazine de découverte et de compréhension du monde. Il aborde les centres d'intérêt des adolescents : cinéma, jeux, littérature, sport, nature, corps humain, histoire… Le magazine permet également de parcourir les cinq continents puisque chaque sujet est présenté depuis un pays différent. L'inscription est simple, rendez-vous sur notre site internet. Plusieurs offres sont disponibles selon si vous souhaitez recevoir à domicile le magazine ou uniquement le lire sur Internet. L'inscription peut être faite pour 6 mois (24 numéros), 12 mois (48 numéros) ou 24 mois (96 numéros).

2. *Dix-huit*

Comment s'habiller aujourd'hui ? Quelle mode suivre ? Celle de Paris, de Montréal ou de Dakar ? Vous avez besoin de conseils pour vos cheveux, vos ongles, vos yeux ? *Dix-huit* est un magazine mensuel qui s'adresse aux adolescentes d'aujourd'hui et aux femmes de demain. Les articles permettent d'observer toutes les tendances dans les pays francophones. Puisque parler une langue, c'est partager une culture : comment celles et ceux qui parlent français traitent la mode selon leur pays.

Pour recevoir le magazine chez vous, c'est simple. Connectez-vous sur www.dixhuit.fr pour remplir le bulletin d'inscription. Le magazine est également disponible dans les librairies.

3. *Science & Planète*

Premier magazine de diffusion de la science, *Science & planète* consacre ses pages à analyser les progrès scientifiques dans plusieurs domaines comme les sciences, l'espace, l'environnement… Les articles sont illustrés, clairs et précis. Nos auteurs sont de différentes nationalités et exposent les points de vue et les évolutions de leur pays (tous les textes sont traduits en langue française). Le langage est simple pour que tout le monde comprenne, des étudiants aux retraités. Et parce que nous défendons la planète, le magazine est uniquement publié sur Internet. Notre offre est unique avec un engagement de 12 mois incluant 1 numéro par semaine.

4. *L'entraîneur*

L'entraîneur est la revue de référence dans les domaines de la physiologie, de l'entraînement et de l'encadrement des sportifs. Tous les sujets sont abordés : la technologie dans le sport, l'alimentation des sportifs, l'argent et le pouvoir dans le sport… Le magazine s'adresse aux plus jeunes qui rêvent de devenir de grands sportifs. Publié tous les deux mois, les articles sont rédigés par des sportifs francophones qui parlent de leur parcours, de leur pays, de leurs expériences.

Alors si vous rêvez de faire des études de sport et ensuite de travailler dans le monde sportif, inscrivez-vous ! Vous recevrez nos éditions dans votre boîte aux lettres et dans votre messagerie électronique.

	L'univers des ados	Dix-huit	Science & planète	L'entraîneur
1 - Actualité des pays francophones	☐ Oui ☐ Non	☐ Oui ☐ Non	☐ Oui ☐ Non	☐ Oui ☐ Non
2 - Deux numéros par mois ou plus	☐ Oui ☐ Non	☐ Oui ☐ Non	☐ Oui ☐ Non	☐ Oui ☐ Non
3 - Disponible en papier et en ligne	☐ Oui ☐ Non	☐ Oui ☐ Non	☐ Oui ☐ Non	☐ Oui ☐ Non
4 - Pour les adolescents	☐ Oui ☐ Non	☐ Oui ☐ Non	☐ Oui ☐ Non	☐ Oui ☐ Non

JE RETIENS

▸ **Je relis la consigne** après avoir lu les 4 documents et avant de cocher les réponses.

▸ **Je fais mes croix définitives** au stylo bleu ou noir.

▸ **Je vérifie mes réponses** après avoir mis toutes mes croix.

2 Lire pour s'informer (domaine public)

▸ Les exercices 2 et 3 du DELF ont un format identique.
Vous devez lire un document et répondre aux questions.
Il y a le même nombre de questions.
Les deux différences sont les suivantes :
- les domaines (l'exercice 2 propose un document sur un sujet de la vie publique ;
l'exercice 3 propose un document sur un sujet de la vie à l'école) ;
- les points (l'exercice 2 est noté sur 8 points ; l'exercice 3 est noté sur 9 points).

Exercice 3

Lisez l'article.
Pour répondre aux questions, cochez la bonne réponse.

> ▸ Ce type d'exercice correspond à l'exercice 2 de l'épreuve du DELF.
>
> ▸ Avant de commencer à lire l'article, observez les différentes parties qui donnent
> des informations :
> – le titre ;
> – le chapeau ;
> – l'intertitre ;
> – la source du document.
> Vous pouvez également observer les éventuels mots en gras, en italique ou
> soulignés, les nombres et les illustrations. Ces observations vous donneront les
> informations les plus importantes.
>
> ▸ Puis, découvrez le questionnaire. Cela vous permettra de savoir ce qu'on vous
> demande et facilitera votre lecture qui sera plus attentive aux informations
> demandées.
>
> ▸ Ensuite, lisez le document. Soulignez les informations importantes qui vous
> aideront à répondre aux questions.

Les jeunes regardent moins la télé que leurs aînés

Bienvenue chez les Dumont ! Il y a Claire et Alice, les adolescentes, sur leur téléphone. Les parents, Marina et Éric, sont devant la télévision. Tout le monde a son écran. Ce qui se passe chez les Dumont est la réalité dans de nombreuses familles aujourd'hui. La consommation des écrans n'est plus la même entre les plus anciens et les jeunes. Une enquête a récemment donné un chiffre qui illustre cette information : les jeunes ne regardent quasiment plus la télévision, environ sept fois moins que les séniors.

Selon cette étude, les jeunes âgés de 16 à 24 ans regardent la télévision en moyenne cinquante-trois minutes par jour, soit trois fois moins que dans les années 2010. En revanche, les personnes de plus de 65 ans passent environ six heures par jour devant leur téléviseur.

Cette différence entre les âges s'explique par les nombreuses possibilités de voir des vidéos en dehors de la télévision avec les plateformes de streaming. « *Un foyer sur cinq a un accès à une des trois grandes plateformes de vidéos : Netflix, Amazon Prime ou Disney+* », décrit l'enquête. « *La révolution du streaming a [...] créé une forte division entre la jeune et l'ancienne génération.* » Et quoi de plus normal puisque sur la plateforme vous regardez quand vous voulez et où vous voulez la vidéo que vous avez choisie !

Même si les plateformes sont de plus en plus utilisées, la télévision reste l'écran privilégié pour les événements nationaux et mondiaux importants, comme les finales sportives ou les résultats des élections présidentielles. Le rapport souligne d'ailleurs que « *le téléviseur demeure l'écran le plus présent dans les foyers, devant l'ordinateur.* »

Les programmes TV n'intéressent plus les jeunes générations mais le coût des services de streaming continue d'augmenter. Par conséquent, certains clients ont décidé d'annuler leurs abonnements en raison de l'augmentation du coût de la vie. « *Nous avons dû supprimer notre abonnement Netflix car nous ne pouvions plus nous le permettre* », constate un des sondés. Cependant, trois quarts des ex-utilisateurs ont l'intention de se réabonner une fois que leurs finances le leur permettront. La hausse des coûts n'implique donc pas le déclin de ces plateformes.

D'ailleurs, l'avenir semble plutôt positif pour les plateformes puisqu'aujourd'hui, ce sont bien les jeunes qui orientent leurs parents sur le choix de la plateforme et qui insistent pour en avoir deux ou trois. Demain, ces jeunes auront le contrôle sur leur porte-monnaie et pourront s'abonner à quatre ou cinq plateformes, voire plus.

Source : *Slate.fr*, le 22 août 2022.

▸ Répondez aux questions. Vous pouvez utiliser un crayon à papier pour mettre vos premières réponses mais n'oubliez pas de les confirmer en utilisant un stylo bleu ou noir. Les réponses laissées au crayon à papier ne seront pas corrigées !

▸ QCM (question à choix multiples) : lisez les 3 propositions et cochez une seule réponse.

▸ Vrai/Faux : cochez la case « Vrai » ou la case « Faux ».

▸ Essayez de répondre à toutes les questions. Il n'y a pas de notation négative si vous répondez faux donc, avec un peu de chance, vous pourriez gagner des points si vous répondez correctement.

1 - Chez les Dumont, les parents et les enfants… `1 point`

a. ☒ utilisent des écrans différents.

b. ☐ souhaitent regarder des programmes différents.

c. ☐ regardent la télévision dans des pièces différentes.

▸ Cette première question est une question à choix multiples (QCM). Il s'agit de vérifier votre compréhension globale du texte (le contexte). La réponse est au début du texte : « tout le monde a son écran. »

2 - Les personnes plus âgées passent plus de temps devant la télévision que les adolescents. `1 point`

a. ☒ Vrai

b. ☐ Faux

3 - Les plateformes de streaming ont cinq fois plus de personnes de l'ancienne génération que de jeunes. `1 point`

a. ☐ Vrai

b. ☒ Faux

▸ Les questions Vrai/Faux sont des questions de compréhension détaillée. Vous devez repérer dans le texte la phrase ou le passage qui permet de vérifier si la proposition est vraie ou fausse.

▸ Pour la question 2, la réponse est dans cette phrase : « Les jeunes ne regardent quasiment plus la télévision, environ sept fois moins que les séniors ».

▸ Pour la question 3, la réponse est dans cette partie du texte : « les personnes de plus de 65 ans passent environ six heures par jour devant leur téléviseur ».

4 - Pourquoi les plateformes de streaming ont-elles autant de succès ? `1,5 point`

a. ☒ Elles donnent le choix à des vidéos disponibles à tout moment.

b. ☐ Elles intéressent aussi bien les plus jeunes que les moins jeunes.

c. ☐ Elles proposent des abonnements avec des tarifs bas pour les étudiants.

▸ La réponse est une reformulation de la phrase suivante : « vous regardez quand vous voulez et où vous voulez la vidéo que vous avez choisie. »

5 - Aujourd'hui, la télévision est encore utilisée pour… `1,5 point`

a. ☐ jouer aux jeux vidéo avec les amis.

b. ☒ regarder des événements importants.

c. ☐ diffuser les vidéos souvenirs de famille.

▸ « les événements nationaux et mondiaux importants » est l'extrait qui permet de répondre à cette question.

6 - Pour quelle raison certaines personnes arrêtent d'utiliser une plateforme de streaming ? `1 point`

a. ☐ La plateforme propose trop de vidéos.

b. ☒ Le prix de l'abonnement augmente trop.

c. ☐ Ces personnes passent plus de temps sur l'ordinateur.

▸ Dans le texte, il y a plusieurs éléments qui permettent de répondre : « en raison de l'augmentation du coût de la vie. », « nous ne pouvions plus nous le permettre », « une fois que leurs finances le leur permettront. »

7 - Dans les familles, ce sont les jeunes qui décident des abonnements aux plateformes. `1 point`

a. ☒ Vrai

b. ☐ Faux

▸ La phrase qui permet de répondre est celle-ci : « aujourd'hui, ce sont bien les jeunes qui orientent leurs parents sur le choix de la plateforme. »

▸ Après avoir répondu aux questions, n'oubliez pas de relire vos réponses. Vérifiez que vos réponses définitives sont au stylo bleu ou noir et que vous avez coché une seule réponse.

JE RETIENS

▸ **Je lis d'abord les questions**, et après, je découvre le texte.
▸ **Je souligne dans le texte** les informations importantes.
▸ **Je réponds à toutes les questions** avec une seule croix.
▸ **Je vérifie mes réponses** en relisant la question et le texte.

3 Lire pour s'informer (domaine éducationnel)

Lisez cet article puis répondez aux questions.

Le succès du numérique à l'école en Belgique

Depuis trois ans, cinquante établissements scolaires participent au projet « Rentrée Numérique » qui propose d'équiper les écoles et de former les enseignants, soit un total de 3 000 enseignants et près de 12 000 élèves. Parmi les écoles, l'Institut Don Bosco à Woluwe-Saint-Pierre. Cette école technique industrielle a pu offrir des ordinateurs portables à tous ses élèves contre une petite contribution des familles. Soixante euros par an pendant trois ans, puis 35€ pour garder l'ordinateur (avec un fonds de solidarité pour venir en aide aux familles qui n'en ont pas les moyens).

Une petite révolution pour l'école. En classe, c'est d'ailleurs visible : tous les élèves sont installés derrière leur écran. Pendant un cours de sciences, ils remplissent le document que leur enseignante avait déposé sur le réseau.

Pour Patricia, élève de cinquième année, c'est beaucoup plus simple maintenant : « *Quand on n'avait pas les ordinateurs portables, on oubliait tout le temps nos feuilles. Les cartables étaient lourds parce qu'on avait plein de livres. Maintenant ça s'est allégé, c'est plus simple avec seulement un ordinateur à prendre* », explique la jeune fille.

Quelques bancs plus loin, Nicolas est d'accord avec sa camarade. « *Avant j'oubliais souvent mes livres, j'arrivais au cours et je n'avais pas mes affaires… Maintenant j'ai tout avec moi ! Puis personnellement j'ai une écriture très sale… Avec l'ordinateur on est tous au même niveau et c'est plus facile pour l'orthographe* ».

Tous les étudiants ont été formés dès réception de l'ordinateur. « *C'était un peu compliqué au début, mais maintenant c'est beaucoup plus simple* », raconte Patricia.

Une affirmation qui peut paraître étonnante pour des jeunes qu'on dit 100 % connectés, mais Philippe, professeur de français, précise : « *Ils maîtrisent très bien les réseaux sociaux, les jeux en ligne, etc. Mais c'est différent quand il s'agit d'utiliser vraiment le digital à des fins pédagogiques pour chercher de l'info, la critiquer, la travailler, la partager…* »

L'idée n'est pas simplement de donner des ordinateurs aux élèves, mais bien de former les professeurs et apporter toute une série d'outils pédagogiques pour utiliser intelligemment le numérique à l'école. Les professeurs ont reçu, pendant un an et quel que soit leur niveau de compétence, du matériel afin de les accompagner dans leur projet pédagogique.

Source : Sarah Heinderyckx, *rtbf.be*, 10/03/2022, https://www.rtbf.be/article/12000-eleves-equipes-dordinateurs-portables-les-cles-de-la-reussite-numerique-a-lecole-10952038

1 - Le projet « Rentrée numérique » s'adresse… `1,5 point`

a. ☐ aux élèves et à leurs parents.

b. ☐ aux professeurs uniquement.

c. ☐ aux élèves et aux professeurs.

2 - L'Institut Don Bosco propose aux familles d'acheter un ordinateur portable pas cher à la rentrée. `1 point`

a. ☐ Vrai

b. ☐ Faux

3 - Qu'est-ce qui a changé pour les élèves en classe de sciences ? `1,5 point`

a. ☐ Les élèves travaillent directement sur leur ordinateur.

b. ☐ Le cours a lieu maintenant dans un laboratoire informatique.

c. ☐ La professeure utilise des feuilles seulement pour les devoirs.

4 - Pour quelle raison Patricia est-elle satisfaite ? `1,5 point`

a. ☐ Elle va à l'école sans affaires.

b. ☐ Les livres pour les cours ont disparu.

c. ☐ Les professeurs donnent moins de devoirs.

5 - Selon Nicolas, en quoi l'ordinateur est-il une aide importante ? `1,5 point`

a. ☐ C'est plus simple pour écrire ses cours.

b. ☐ C'est plus facile pour contacter son professeur.

c. ☐ C'est plus utile pour parler avec ses camarades.

6 - Les élèves ont été formés pendant un an à l'utilisation de l'ordinateur. `1 point`

a. ☐ Vrai

b. ☐ Faux

7 - Les élèves ont appris à présenter des informations à l'aide de l'ordinateur. `1 point`

a. ☐ Vrai

b. ☐ Faux

JE RETIENS

▸ **Je lis d'abord les questions** et après je découvre le texte.

▸ **Je souligne dans le texte les réponses aux questions** avant de cocher.

▸ **Je vérifie mes réponses** en relisant la question et le texte.

Prêt pour l'examen !

Vocabulaire

- Actualités
- Cinéma
- Études
- Habitat
- Loisirs
- Médias, information
- Nouvelles technologies

Communication

- Parler de soi et de sa famille, de son métier, de son environnement, de ses habitudes avec des détails précis et un certain développement
- Comparer son mode de vie avec celui du pays francophone
- Comprendre des textes portant sur des sujets ordinaires, habituels et non habituels
- Décrire des événements
- Informer sur des sujets ordinaires
- Exprimer des émotions
- Chercher et trouver des informations
- Résumer les informations importantes

Socioculturel

- Comprendre des textes simples d'annonces (restaurants, hôtels, activités, stages, etc.)
- Identifier un événement ou un fait dans l'actualité
- Utiliser des sources d'informations variées : radio, presse, télévision, Internet

Grammaire

Temps et modes :
- Indicatif
- Conditionnel présent
- Gérondif
- Subjonctif présent
- Impératif
- Passif
- Temps du récit : passé composé, imparfait, plus-que-parfait, passé antérieur

Pronoms relatifs

Connecteurs logiques

STRATÉGIES

1. Je lis une première fois le texte sans chercher à tout comprendre.

2. Je souligne toutes les idées importantes du texte.

3. J'essaie de comprendre les mots inconnus à l'aide du contexte ou de leur composition.

4. Je réponds aux questions dans l'ordre (les questions suivent l'ordre de présentation des informations du texte).

POUR COMPRENDRE

Informer
- Voici une information importante.
- L'enquête nous montre que les Français partent de plus en plus en vacances en France.
- Je vous annonce que la rencontre aura lieu dimanche.
- Le jury du festival vient de communiquer son palmarès.

Choisir
- Je prendrais bien un café.
- Si vous voulez passer de belles vacances, réservez au plus vite !
- Je vais réfléchir avant de faire mon choix.

Conseiller
- Si vous partez ce week-end, nous vous conseillons d'aller au Puy du Fou.
- Le professeur recommande de lire des livres en français.
- Si vous voulez un conseil, inscrivez-vous au cours de volley.
- À votre place, j'aurais accepté l'offre d'emploi.

Exprimer son point de vue
- Il me semble que le tourisme est en pleine croissance dans cette région.
- D'après le journaliste, les négociations vont mal se passer.
- Personnellement, je suis pour l'utilisation du portable en classe.

Exprimer son accord
- Effectivement, je suis tout à fait d'accord avec vous.
- Nous sommes du même avis.
- Ce que vous dites est vrai.
- C'est exact.
- Absolument.

Exprimer un désaccord
- Les jeunes se sont exprimés contre le nouveau projet de loi.
- Il se trompe lorsqu'il parle de progrès scientifiques.
- Vous avez tort.
- C'est inacceptable.
- Je ne suis pas sûr(e) que cette idée fonctionne.
- Comme d'habitude, tout le monde exagère.

Exprimer des émotions
- Nous sommes ravis de participer à cette rencontre.
- L'actualité est parfois déprimante.
- Je m'inquiète pour son avenir.
- Il ne faut pas avoir peur.
- Ce changement le rend furieux.
- Je trouve ça incroyable. C'est surprenant.

Parler de loisirs
- Une activité
- Un goût
- Un intérêt
- Un spectacle
- Une exposition
- Une représentation

Exprimer des idées
- Une pensée
- Une conscience
- Un jugement
- Une réflexion
- Une conclusion
- Une hypothèse
- Une preuve
- Une raison
- Une cause
- Un effet

Parler des études
- Un programme
- Un concours
- Un stage
- Un campus universitaire
- Un diplôme

Je suis prêt(e) ?

Les 4 questions à se poser

Je relis les rubriques « Je retiens » et je choisis les 4 conseils les plus importants pour moi :

1. ......
2. ......
3. ......
4. ......

Prêt pour l'examen !

À faire

avant l'examen

- ☐ **S'entraîner** à effectuer des **choix sur Internet**
  (choisir un restaurant, un hôtel, un sport, un stage, etc.)

- ☐ **Lire** **régulièrement la presse francophone**
  (articles courts de la vie quotidienne)

- ☐ **Créer** **des listes de vocabulaire et d'expressions utiles**

le jour de l'examen

- ☐ respirer et se détendre
- ☐ utiliser un stylo noir ou bleu pour écrire les réponses définitives
- ☐ lire plusieurs fois les consignes
- ☐ lire plusieurs fois les documents et souligner les informations importantes
- ☐ lire toutes les questions avant de répondre
- ☐ prendre le temps de relire ses réponses à la fin de l'épreuve

Production
écrite

L'ÉPREUVE

La production écrite est la troisième épreuve collective de l'examen du DELF B1.

Nombre de points

| Production écrite — Expression d'une attitude personnelle sur un thème général (essai, courrier, article…). | 45 minutes | …/25 |

Nombre d'exercices
1 exercice pour le niveau B1

Objectifs de l'exercice
Exprimer une attitude personnelle sur un thème relatif à l'éducation.

Durée de l'épreuve

LES SAVOIR-FAIRE

Il faut principalement être capable de :

Raconter et décrire des faits

▶**Exemple 1 :** Vous présentez les activités de votre école.
▶**Exemple 2 :** Vous décrivez le voyage de fin d'année scolaire.

Donner ses idées et son opinion

▶**Exemple 1 :** Votre professeur de français souhaite organiser une sortie au musée. Vous lui écrivez pour donner votre opinion et proposer des idées de musées.
▶**Exemple 2 :** Vous adressez un article au journal de votre école pour donner votre opinion sur le nouveau laboratoire informatique.

Exprimer ses sentiments et ses réactions

▶**Exemple 1 :** Votre ami francophone ne souhaite plus aller à l'université. Vous lui écrivez pour lui faire part de votre avis.
▶**Exemple 2 :** Vous préférez organiser la fête de fin d'année en dehors de l'école. Vous expliquez pourquoi.

Structurer son texte

▶**Exemple 1 :** Vous réagissez à ce message en parlant de vos devoirs et en exprimant votre opinion sur la quantité des devoirs donnés par les professeurs.
▶**Exemple 2 :** Vous écrivez un article dans le journal de votre école pour présenter les activités sportives et pour expliquer les raisons pour lesquelles c'est important de faire du sport.

LES EXERCICES ET LES DOCUMENTS

Exercice	Type de production	Nombre de mots	Nombre de points
Exprimer une attitude personnelle sur un thème relatif à l'éducation	▶ Une lettre, un courriel, un article de journal ou un essai	160 mots minimum	 25 points

LA CONSIGNE

C'est quoi ?

La consigne est importante ?

C'est une phrase qui précise le contexte. Elle explique ce qu'il faut faire pour répondre au sujet.
▶ **Exemple :**
Vous lisez ce message sur un forum et vous répondez.

Oui, la consigne est très importante. Un document déclencheur sous forme de courriel, de carte postale, d'extrait d'un forum ou d'invitation est parfois proposé pour la situation.
Il est nécessaire de comprendre le contexte pour répondre.
▶ **Exemple :**
Vous recevez ce message d'un ami.
Salut !
Les examens sont la semaine prochaine. Je ne peux pas étudier parce que je fais du sport tous les jours. Et toi, tu vas étudier ?
Sami
Vous réagissez à ce message en expliquant pourquoi il est important d'étudier.

LES RÉPONSES

▶ L'objectif de la production est de décrire des faits ou événements et de faire part de ses réactions (sentiments, opinion).
▶ L'exercice doit présenter un texte construit et cohérent avec trois ou quatre parties distinctes.
▶ Le nombre de mots doit être respecté : au minimum 160 mots.

CONSEILS

Quand commencer à écrire ?

■ Après avoir bien lu et analysé la consigne, avoir réfléchi aux éléments de réponse et au plan à suivre.

Combien de mots écrire ?

■ 160 mots minimum.

Exprimer une attitude personnelle sur un sujet général

— Raconter et décrire des faits

Activité 1

Vous devez être capable de présenter des faits.

Qu'est-ce qu'un fait ?

1 - Classez les phrases ci-dessous dans le tableau.

a. Je préfère inscrire mon enfant dans un établissement privé plutôt que public.

b. Les écoles publiques sont plus nombreuses que les écoles privées.

c. L'avenir professionnel des jeunes se prépare tout au long de leur scolarité.

d. L'avenir professionnel des jeunes peut se définir tardivement, à l'université par exemple.

e. Selon moi, les ordinateurs doivent être présents dans toutes les salles de l'école.

f. Toutes les écoles n'ont pas l'argent suffisant pour acheter des ordinateurs.

Faits	Opinions
Phrases n° ... / n° ... / n° ...	Phrases n° ... / n° ... / n° ...

2 - À partir des exemples ci-dessus, définissez ce qu'est un fait.

....

....

Activité 2

Dans le texte ci-dessous, soulignez d'une couleur les faits puis, d'une autre couleur, soulignez les détails donnés sur chaque fait. Attention, dans le texte, il y a aussi des phrases exprimant une opinion personnelle.

Vie sociale à l'école

Nous connaissons la plupart de nos amis à l'école. Si quelques personnes rencontrées à l'école élémentaire ou au collège restent des amis fidèles toute la vie, les plus belles amitiés naissent en général au lycée et à l'université lorsque l'adolescent cherche à s'intégrer à un groupe qui lui ressemble. Certains pensent que les années du lycée représentent la plus belle période d'une vie quand d'autres affirment que c'est à l'université qu'ils ont créé leurs plus beaux souvenirs. Deux Français sur trois disent avoir rencontré leur meilleur ami sur les bancs de l'école ou de l'université. Les jeunes filles trouvent une meilleure amie très tôt, dès le début du lycée, alors que les garçons attendent la dernière année du lycée ou l'université. Nous pouvons conclure sur une évidence : les années scolaires sont plus belles en compagnie de vrais amis.

Activité 3

1 - Vous trouverez ci-après une liste de thématiques. Pour chaque thématique, trouvez deux faits. Attention à bien proposer des faits et pas des opinions ou des idées personnelles. Vous pouvez rechercher des faits à partir d'informations prises sur Internet.

a. Les matières à l'école

....

....

b. L'évolution de l'école maternelle

....

....

c. L'utilisation des nouvelles technologies à l'école

....

....

d. Les cours de sport au lycée

....

....

2 - Selon vous, quelles seraient les règles pour écrire correctement un fait ? Trouvez trois règles minimum.

....

....

....

Activité 4

Dans le cadre d'un projet avec votre classe de français, vous avez passé une semaine dans une école où les cours se font en français. Pour le journal de votre école, vous racontez votre expérience. Le journal vous demande de préparer un texte basé sur des faits et de ne pas exposer votre point de vue.

Pour débuter votre texte, vous rappelez le contexte :

....

....

Puis, vous racontez votre expérience. Proposez trois faits.

....

....

Vous concluez par une phrase qui doit exposer un fait général.

....

— **Exprimer ses sentiments et ses réactions**

Activité 5

1. Classez les expressions suivantes dans les bonnes catégories :

Bravo ! Nous sommes très contents. / Je suis très en colère. / Le fait de me mentir m'énerve. / Je suis révolté d'apprendre ça. / Le noir m'angoisse. / Je suis choqué. / Ça m'a étonné de vous voir là. / J'admire ta décision. / Je ne supporte plus tes mensonges. / Je suis ravi de l'apprendre. / Je suis déprimé. / Cela me surprend de toi. / Je suis tellement heureux. / Ça m'inquiète. / Tu es surprenant. / Quel malheur ! / C'est incroyable.

Joie : ....

Tristesse : ....

Colère : ....

Peur : ....

Surprise : ....

2. Parlez de vous en utilisant une expression de chaque catégorie.

....

....

Activité 6

Racontez votre plus beau souvenir de l'école primaire. Construisez un texte qui débute par « Quand j'étais à l'école primaire » et dans lequel vous exprimez vos sentiments. (80 mots minimum)

Quand j'étais à l'école primaire,

Mon plus beau souvenir

....

....

....

....

....

Activité 7

Faites part de vos réactions. Réagissez aux phrases suivantes de manière positive (**+**) ou de manière négative (**–**) avec une expression ou une phrase.

Exemple : Les garçons ont de meilleurs résultats que les filles dans les matières scientifiques.
      – → *Je ne suis pas d'accord avec cette affirmation.*

1 - Faire les devoirs à l'école, c'est plus efficace que de les faire à la maison.

+ → ....

2 - Les pauses entre les cours sont très importantes pour que les élèves se reposent et communiquent entre eux.

+ → ....

3 - Les élèves doivent manger à la cantine de leur école.

– → ....

4 - Les cours doivent avoir lieu du lundi au vendredi uniquement et jamais le samedi.

+ → ....

5 - Les autorités éducatives souhaitent supprimer l'enseignement d'une 3e langue.

– → ....

Activité 8

Votre professeur de français a décidé de ne plus utiliser de livre en classe pour apprendre le français. Il préfère utiliser à chaque cours les ordinateurs de l'école.

Vous écrivez à votre professeur de français pour donner votre point de vue. Écrivez deux textes. (60 mots minimum pour chaque texte)

1 - Vous êtes content de cette décision. Vous exprimez votre réaction.

....

....

....

2 - Vous êtes très mécontent de cette décision. Vous exprimez votre réaction.

....

....

....

▬ Donner ses idées et son opinion

Activité 9

Pour chacune des affirmations suivantes, donnez une opinion positive et une opinion négative. Pensez à varier les expressions.

1 - Il faut augmenter les devoirs donnés aux lycéens.

+ → ....

– → ....

2 - À l'heure où les livres et les manuels se consultent en ligne, les bibliothèques des écoles ne sont plus utiles.

+ → ....

– → ....

3 - Les sorties scolaires permettent de mettre en application ce qui est étudié dans les classes.

+ → ....

– → ....

4 - Les parents d'élèves devraient rencontrer plus souvent les professeurs.

+ → ....

– → ....

5 - Pour de meilleurs résultats, les élèves devraient vivre en pension à l'école.

+ → ....

– → ....

Activité 10

Le directeur de votre école présente le projet d'un nouveau gymnase.

Sur le blog de votre école, vous voulez publier un texte pour exprimer votre opinion face au projet.

Écrivez deux textes. (60 mots minimum par texte)

1 - Vous exprimez votre accord avec ce projet. Vous expliquez pourquoi votre école a besoin d'un nouveau gymnase.

....

....

2 - Vous exprimez votre désaccord avec ce projet. Vous expliquez en quoi il n'est pas nécessaire de faire un nouveau gymnase.

....

....

Activité 11

Une idée sera plus forte si elle est accompagnée d'un exemple. Pour chaque déclaration, complétez l'expression d'introduction avec un exemple.

Exemple : L'école devrait être ouverte plus longtemps pour pouvoir aller à la bibliothèque.

→ *Par exemple, les élèves ne peuvent pas étudier le samedi parce que la bibliothèque est fermée.*

1 - Les parents n'ont pas le temps d'aider leurs enfants à faire leurs devoirs.

→ *Je vais prendre un exemple.* ....

....

2 - Je propose que l'école offre des cours de sport tous les jours. Il y a beaucoup d'avantages.

→ *On peut prendre l'exemple de* ....
....

3 - On devrait apprendre à cuisiner à l'école pour apprendre à mieux manger.

→ *Ça me fait penser à* ....
....

4 - Il faudrait multiplier les stages professionnels avant de choisir son université et ses études.

→ *Imaginons que* ....
....

5 - Je souhaite que le gouvernement écoute les propositions des jeunes pour améliorer l'école.

→ *Je vous donne un exemple.* ....
....

Activité 12

L'heure est arrivée de préparer la fête de fin d'année de votre école. Chaque élève peut présenter ses idées. Vous décidez de participer aux présentations.
Vous préparez votre intervention dans laquelle vous proposez plusieurs idées pour la fête.
Soyez convaincant ! (100 mots minimum)

Vous pouvez utiliser les mots suivants : *annoncer, meilleur, surprendre, promettre, tellement… que, suffisant, étonnant, exceptionnel, assurer.*

....
....
....
....

SE PRÉPARER

— Structurer son propos

Activité 13

Pour qu'une production soit facile à lire, il faut organiser son propos.

1 - Mettez dans l'ordre les phrases suivantes pour obtenir un texte structuré. Classez-les du numéro 1 au numéro 8.

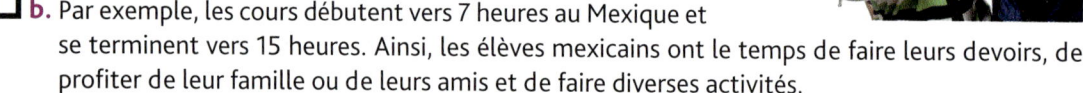

☐ **a.** Personnellement, je trouve que débuter les cours très tôt le matin fatigue les élèves.

☐ **b.** Par exemple, les cours débutent vers 7 heures au Mexique et se terminent vers 15 heures. Ainsi, les élèves mexicains ont le temps de faire leurs devoirs, de profiter de leur famille ou de leurs amis et de faire diverses activités.

☐ **c.** En plus, tout le monde n'a pas facilement accès aux activités l'après-midi. Alors, ceux qui ne peuvent pas s'inscrire à un club sportif par exemple resteront chez eux devant la télévision.

☐ **d.** En conclusion, selon moi, la meilleure solution est donc de faire des cours toute la journée et de donner plus de vacances.

☐ **e.** Et d'autres pays préfèrent des journées plus longues avec des fins de semaine et des vacances plus importantes.

☐ **f.** Les horaires des cours doivent être bien définis pour ne pas fatiguer les élèves et maintenir leur concentration.

☐ **g.** Certains pays ont des écoles dont les cours débutent très tôt afin de permettre aux jeunes de multiplier les activités l'après-midi.

☐ **h.** C'est le cas en France où la plupart des élèves ont des cours toute la journée du lundi au vendredi et des vacances toutes les 8 semaines.

2 - Complétez les phrases avec les expressions suivantes pour élaborer les règles du texte structuré : *le premier fait / la phrase de conclusion / l'exemple du deuxième fait / l'exemple du premier fait / la phrase d'introduction / une opinion personnelle / le deuxième fait.*

a. Le texte doit débuter par ....

b. Ensuite, on peut proposer .... qui est suivi de ....

c. Puis, on peut ajouter .... avec ....

d. Après les faits, il est important de donner ....

e. Enfin, le texte doit terminer par ....

Activité 14

Pour produire un texte facile à lire, il faut utiliser des connecteurs. Réécrivez le texte en plaçant les connecteurs suivants dans le texte :
ensuite / d'abord / enfin / premièrement / mais / en effet / deuxièmement / par exemple.
À vous de jouer en trouvant leur place !

On dit souvent que les jeunes préfèrent les vacances à l'école. Je pense que c'est normal. Les vacances permettent de se reposer et de faire ce qu'on veut. On peut jouer, voir ses amis, sortir et surtout, il n'y a pas de devoirs. Je crois que tous les jeunes ne préfèrent pas les vacances à l'école. L'école permet de retrouver ses amis tous les jours. L'école permet de découvrir des choses nouvelles : un sport, un jeu, une culture, une langue, etc. Moi, je préfère l'école aux vacances, je n'aime pas les devoirs. Je peux conclure en résumant que les deux sont importants et inséparables pour le bien-être des jeunes.

....

....

....

Activité 15

Vous avez passé un an dans une école à l'étranger. Votre meilleur ami souhaite étudier également à l'étranger. Il vous demande des conseils.
Vous lui écrivez un courriel dans lequel vous exposez trois ou quatre avantages. (100 mots minimum)
Vous organisez votre message en utilisant au choix :
en premier lieu, le premier point, ensuite, le deuxième point, par conséquent, après, puis, pour résumer, en définitive.

....

....

....

....

....

Activité 16

Vous pouvez écrire une lettre formelle, une lettre informelle ou un article. Pour chaque forme de texte, la façon de s'exprimer est différente. Classez les expressions suivantes dans le tableau :

Salut / je souhaiterais exprimer mon désaccord avec la proposition faite par… / je souhaiterais exprimer mon désaccord avec votre proposition à travers ce courrier / Cher Monsieur / je trouve que c'est une mauvaise idée / Pour résumer, la mesure proposée par votre service ne semble pas être la plus adéquate / Amicalement / j'attire l'attention des lecteurs sur… / nous devrons tous l'accepter / ton explication n'était pas assez claire / Je vous prie d'agréer l'expression de mes sentiments distingués / ces quelques lignes me permettent d'exposer ma réaction suite au nouveau projet du directeur

Lettre formelle	Lettre informelle	Article
....	....	....
....	....	....
....	....	....
....	....	....
....	....	....
....	....	....

1 La lettre

25 points

> ▸ L'épreuve de production écrite est constituée d'un seul exercice appelé « Essai ».
> Votre production peut prendre la forme d'une lettre ou d'un article.
>
> ▸ Lisez attentivement la consigne et posez-vous les bonnes questions.
> – Quel est mon rôle ? ➜ *Dans ce sujet, je suis le président du comité des élèves de mon école.*
> – Qui écrit à qui ? ➜ *Mon ami Victor m'écrit.*
> – Où se déroule la situation ? ➜ *Le contexte est « mon école ».*
> – Quelle est la thématique ? ➜ *La salle de restauration de mon école (ou « cantine »).*
> – Quel est l'objectif ? ➜ *Répondre à Victor au sujet de sa proposition.*
> – Quelle doit être la forme de mon texte ? ➜ *Une lettre.*
>
> ▸ Soulignez les éléments importants (verbes, mots ou expressions) dans la consigne
> pour répondre aux questions ci-dessus et pour n'oublier aucun élément à traiter
> dans votre production.

Vous êtes le <u>président du comité des élèves de votre école</u> et vous travaillez avec <u>votre ami Victor</u> pour proposer de nouveaux projets. Victor vous envoie ce message.

Salut,
Je viens de penser à notre nouveau projet. Je propose de <u>modifier la salle de restauration</u>. D'abord, il faut la nettoyer. Puis nous pourrions <u>ajouter des cadres</u> avec beaucoup de couleurs. Il faudrait également <u>mettre de la musique</u> pendant les repas et <u>installer des machines avec des jeux</u>. Qu'est-ce que tu en penses ?
Victor

Vous <u>répondez à ce message</u>. (160 mots minimum)

▶ Vous répondez à un message par un autre message. Votre texte doit débuter par une formule de politesse et terminer par une formule de prise de congé.

▶ Vous écrivez à votre ami : vous répondez de manière informelle.

▶ Vous devez réagir à la proposition de votre ami : vous pouvez remercier et féliciter.

▶ Votre message doit exposer des faits et des expériences sur la thématique.

▶ Vous donnez ensuite vos idées, vos sentiments et votre opinion sur le sujet.

▶ N'oubliez pas d'écrire un texte structuré en utilisant des connecteurs et en proposant un plan logique. Et pensez à la mise en page en allant à la ligne pour chaque grande idée.

Proposition de corrigé :

Salut Victor,

Je te remercie de m'avoir envoyé ta nouvelle proposition. C'est une super idée ! Je suis d'accord avec toi : la salle de restauration a besoin d'une nouvelle image.

À ce propos, je t'annonce que nous avons reçu les résultats de l'enquête faite auprès des élèves sur ce qu'ils veulent modifier. La salle de restauration est la première chose qu'ils veulent changer dans notre école.

D'abord, je suis d'accord avec toi pour nettoyer la salle et mettre des cadres. On pourrait aussi demander à des élèves du cours d'art de peindre sur les murs. Ce serait magnifique !

Ensuite, nous devons être prudents avec la musique et les machines à jeux. Il ne faut pas faire croire au directeur de l'école que nous voulons transformer la cantine en aire de jeux. L'espace doit rester calme. C'est pourquoi je préfère insister sur les murs dans un premier temps.

Et puis, nous devrons également réviser les menus. Nous pourrons en parler pendant notre réunion avec le directeur.

On en parle à l'école.

À demain.

M.

Nombre exact de mots : 171.

▶ Travaillez avec votre feuille de brouillon. Vous pouvez commencer à écrire sur le brouillon vos idées, des phrases et des mots. N'oubliez pas de recopier votre texte sur la copie au stylo !

▶ Relisez votre texte pour vérifier l'orthographe et la grammaire.

▶ Comptez le nombre de mots. Il faut écrire 160 mots minimum. Il n'y a pas de limite maximale.

▶ **Attention, l'épreuve dure 45 minutes.** Contrôlez bien votre temps !

Exercice 2 (25 points)

Vous voulez étudier dans une université en France. Vous recevez ce message de l'université qui vous intéresse le plus.

Bonjour,

Nous avons bien reçu votre dossier de demande d'inscription dans notre université. Avant de prendre notre décision, nous aimerions que vous nous expliquiez en quoi votre profil peut nous intéresser. Parlez-nous de votre culture, de vos traditions, de votre langue et de la manière avec laquelle vous pourriez les partager avec nos autres étudiants. Et dites-nous pourquoi vous avez choisi notre université.

Avec nos cordiales salutations,

Le service des relations internationales

Vous répondez à ce message. (160 mots minimum)

....

....

Exercice 3 (25 points)

Vous partez avec votre école en voyage scolaire pour 15 jours au Québec. Vous ne pourrez pas aller à votre cours de français du samedi matin pendant 3 semaines. Vous écrivez à votre professeur de français pour expliquer votre longue absence et pour trouver une solution afin de ne pas perdre les cours. Vous insistez sur les avantages à partir dans une région francophone. (160 mots minimum)

....

....

JE RETIENS

▶ **Je lis plusieurs fois la consigne** et le document en soulignant les mots qui vont être utiles pour ma production.

▶ **J'utilise ma feuille de brouillon :** je peux conjuguer un verbe, chercher la bonne orthographe d'un mot, rédiger des parties de ma production.

▶ **Je compte le nombre de mots** pour vérifier qu'il y a au moins 160 mots.

I 2 L'article

Exercice 4

25 points

> ▸ La consigne de l'épreuve ne précise pas si vous devez écrire un texte au format d'une lettre ou d'un article. Vous devez le déduire à partir des éléments de la consigne.
>
> → « journal », « publié » = article.
>
> ▸ Parfois, il y a un document dans la consigne (un message sur un forum par exemple ou une lettre) mais pas toujours.

Le journal de votre école prépare un dossier sur le sport. Vous décidez d'envoyer un texte au journal pour qu'il soit publié dans le dossier. Vous parlez du sport que vous faites à l'école.
Vous racontez vos expériences et vous donnez votre opinion.
(160 mots minimum)

....
....

> ▸ Un article est en général formel.
>
> ▸ Un article ne comporte pas toujours une formule de politesse au début et une formule de prise de congé à la fin.
>
> ▸ Votre texte doit proposer un plan logique et une mise en page qui aide la lecture (aller à la ligne pour chaque partie).

Proposition de corrigé :

Dans le cadre du dossier sur le sport proposé dans ce numéro, je voulais présenter le sport que je fais dans le club de l'école : la natation. C'est mon sport préféré !

Premièrement, les docteurs disent que le meilleur sport pour travailler tout le corps, c'est la natation. C'est donc un sport important pour les adolescents parce que notre corps se forme à cet âge. Personnellement, à chaque fois que je vais à la piscine, j'ai des douleurs partout. C'est une preuve que tout mon corps travaille. Alors, je supporte la douleur parce que je sais que c'est bon pour ma santé.

Deuxièmement, notre école a le meilleur professeur de natation du pays. Notre professeur a représenté notre pays aux Jeux olympiques il y a 12 ans. Je l'adore parce qu'il donne beaucoup de conseils et il est toujours disponible. L'autre jour, il a travaillé avec moi pendant 2 heures.

Enfin, la natation permet d'être seul et de se faire des amis en même temps. Vous pouvez nager seul et vous pouvez aussi accompagner vos amis pour améliorer leurs compétences en travaillant avec eux. Par exemple, je nage seul 3 fois par semaine et, tous les samedis, je retrouve mes amis de l'école dans l'équipe de water-polo.

Nombre exact de mots : 205.

▸ Vous devez écrire au minimum 160 mots. Il y a une tolérance de − 10 % : vous pouvez écrire minimum 144 mots. Il n'y a pas de limite maximale. Attention, plus vous écrivez, moins de temps vous aurez et plus d'erreurs vous pourrez faire !

▸ Organisez vos 45 minutes.

– 10 minutes pour lire la consigne, comprendre les objectifs et réfléchir à votre plan et à vos idées.

– 30 minutes pour écrire votre texte. Utilisez votre feuille de brouillon et recopiez votre texte sur la copie. Pensez à varier votre vocabulaire et à proposer un texte structuré.

– 5 minutes pour relire votre texte, corriger les erreurs et compter les mots.

Exercice 5 | 25 points

L'enseignement des langues étrangères
par **education.net** ; vendredi 15 mai 2022, 11:04

Baptiste
par **Baptiste R.** ; vendredi 15 mai 2022, 11:25

Bonjour
J'ouvre cette page sur ce forum parce que je ne réussis pas à trouver une réponse à cette question : pourquoi enseigner les langues étrangères à l'école ?
Aujourd'hui, je pense qu'il est simple de voyager et qu'on peut apprendre une langue seul.
Et vous, qu'est-ce que vous en pensez ?

Vous lisez cette page de forum et vous voulez participer aux échanges.
Vous parlez des cours de langue dans votre école, de vos expériences et vous donnez votre opinion. (160 mots minimum)

....

....

....

....

....

Exercice 6   25 points

Vous lisez un article dans le journal français *Le Monde des ados* qui explique que toutes les écoles doivent avoir un ordinateur par élève.
Vous souhaitez réagir à cet article en donnant vos idées, vos expériences et votre opinion.
Vous écrivez à la rédaction du journal en leur demandant de publier votre proposition d'article.
(160 mots minimum)

....

....

....

....

....

JE RETIENS

▸ **Je me pose les bonnes questions :** à qui j'écris ? Quel est le format de ma production (lettre formelle, participation à un site internet, réponse à un ami par courriel) ? Quel est le sujet ? Les faits doivent parler de quelle thématique ? Quelle est mon opinion personnelle ?

▸ **Je contrôle le temps :** je dispose de 45 minutes pour comprendre la consigne, réfléchir à mes idées, utiliser ma feuille de brouillon et recopier ma production sur la copie.

▸ **Je vérifie ma production** à la fin pour corriger les éventuelles erreurs. Et si j'utilise un crayon, je n'oublie pas de recopier ma production au stylo.

Prêt pour l'examen !

Communication

- Parler de sa vie et de ses expériences au passé
- Exprimer des goûts, des opinions, des idées
- Demander et donner des explications et des justifications
- Raconter des événements passés ou à venir avec des détails précis
- Conseiller pour des projets personnels, universitaires ou professionnels
- Exprimer son accord et son désaccord
- Exprimer son hésitation
- Faire des critiques et donner son jugement

Socioculturel

- Les formules de politesse ou le style informel : *Monsieur le directeur, Salut les amis*
- La ponctuation : *Trop bien ! Pendant une semaine, j'ai travaillé là. Êtes-vous d'accord ?*
- La mise en page : *À la fin d'un paragraphe, sauter une ligne*
- Les majuscules des acronymes et des sigles : *UNESCO, TGV, DRH*

Vocabulaire

- Activités quotidiennes
- Actualités
- Études et formation
- Monde du travail
- Opinions
- Sentiments

Grammaire

Les adjectifs et adverbes : *bien/bon, vite/rapide, trop, peu, quelques*

Les connecteurs logiques

Les temps du passé : *passé composé, imparfait, plus-que-parfait, passé récent*

Le subjonctif présent

L'hypothèse : *le conditionnel, peut-être, vraisemblablement, si*

Les phrases complexes : *que, parce que, bien que, dans la mesure où*

STRATÉGIES

1. J'utilise l'ensemble des 45 minutes pour réfléchir, puis écrire et enfin corriger.

2. Avant d'écrire mon texte, je note le vocabulaire qui se rapporte au thème et à la situation demandée.

3. J'écris d'abord sur un brouillon pour construire un plan logique et cohérent.

4. Je note mes idées et j'ajoute des mots et expressions de sentiments ou d'opinions.

5. Je compte, à la fin, le nombre de mots utilisés selon la règle du DELF (un mot est toujours entre deux espaces) et j'écris plus de 160 mots.

POUR DIRE

Écrire un texte structuré

- D'abord, il faut mettre des chaussures de sécurité, ensuite on met des lunettes de protection et enfin, on doit prendre son matériel.
- Tout d'abord, je vous présenterai les causes.
- En conclusion, on peut dire que les progrès profitent à tous les habitants du quartier.

Exposer des faits

- Dans une semaine, les enfants seront en vacances.
- L'appartement est à 10 km de son travail.
- Le nouveau directeur voudra faire une réunion tous les vendredis.
- L'école est construite dans une zone dangereuse.
- On commençait la journée à 7 heures du matin et l'après-midi, on faisait du sport.

Exprimer un sentiment

- J'étais vraiment triste d'apprendre cette nouvelle.
- Elle a été trop contente de me voir en visioconférence !
- Les étudiants seront vraiment enthousiastes de cette idée.
- J'en ai assez : on nous propose d'annuler la fête de l'école !
- Mais c'est dommage d'arrêter tes études.

Exprimer une opinion

- Je ne peux pas accepter cette solution.
- Cela me semble tout à fait possible.
- On pourrait le penser mais…

Introduire une histoire

- Il faut vraiment que je vous raconte ça !
- Pour préciser ma pensée, il est important que je vous explique la raison de cela.
- Dans un premier temps, la situation était vraiment compliquée.
- En effet, ça fait 2 ans que j'apprends le français.

Faire part de ses réactions

- Elle ne pourra jamais comprendre ta décision.
- Figure-toi que j'ai raté le bus à une minute près !
- Nous vous remercions sincèrement de votre invitation.
- Je vous prie de bien vouloir répondre à ma demande.
- Vous semblez mécontent de votre voyage, pour quelle raison ?

Exprimer une éventualité

- J'espère que cela ira enfin mieux !
- Il paraît que l'équipe de France peut encore gagner.
- Ce serait bien si on pouvait rester travailler à la maison.
- Notre stagiaire a l'impression d'être inutile, mais je crois qu'il pourrait aussi prendre plus d'initiatives.

Je suis prêt(e) ?

Les 4 questions à se poser

Je relis les rubriques « Je retiens » et je choisis les 4 conseils les plus importants pour moi :

1. ……
2. ……
3. ……
4. ……

Prêt pour l'examen !

À faire

avant l'examen

☐ **Réviser** le <u>vocabulaire</u> **thématique**
écrire des listes de mots ou expressions sur les thèmes
de la vie scolaire, connaître les synonymes et les contraires

☐ **Réviser** la <u>grammaire</u>
les temps des verbes
les verbes de modalisation
les relations logiques
l'accord des adjectifs, des noms

☐ **S'entraîner** à écrire des <u>petits textes</u> sur des sujets
d'actualité et développer une <u>opinion</u>

le jour de l'examen

☐ lire attentivement la consigne pour
comprendre quel rédacteur vous êtes et
à qui vous devez écrire

☐ présenter un texte organisé et facile à lire

☐ éviter les longues descriptions
impersonnelles

☐ soigner son orthographe et sa grammaire

☐ évaluer la longueur de son texte pendant
sa rédaction

Production

L'ÉPREUVE

La production orale est la quatrième épreuve de l'examen du DELF B1. Elle est individuelle.

Nombre d'exercices
= 3 exercices pour le niveau B1

Production orale
Épreuve en trois parties :
– entretien dirigé ;
– exercice en interaction ;
– expression d'un point de vue à partir d'un document déclencheur.

15 minutes environ
préparation :
10 minutes
(ne concerne que la 3e partie de l'épreuve)

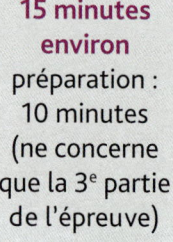

Nombre de points

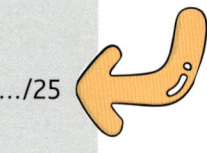

.../25

Objectifs des exercices
1. Se présenter
2. Résoudre une situation inhabituelle (interaction)
3. Exprimer un point de vue (monologue suivi)

Durée de la préparation et de la passation

LES SAVOIR-FAIRE

Il faut principalement être capable de :

Respecter les règles de politesse

▸ Saluer, remercier, prendre congé.

Parler de soi

▸ Se présenter, parler de sa famille, de ses activités, de son environnement, de ses études, de son passé, de son présent, de ses projets.

Faire face sans préparation à des situations inhabituelles

▸ **Exemple :** Votre meilleur ami français a décidé d'abandonner ses études car il s'ennuie en classe. Il voudrait faire un long voyage. Vous êtes inquiet pour lui. Vous décidez de lui parler pour le faire changer d'avis.

Exprimer son opinion de façon claire et organisée

▸ Introduire le sujet de discussion, développer son point de vue, organiser ses idées, donner des exemples précis, conclure son intervention.

Répondre aux questions de l'examinateur

▸ Donner des informations complémentaires, apporter des précisions.

LES EXERCICES ET LES DOCUMENTS

	Supports possibles	Type de production	Nombre de points
Exercice 1 Entretien dirigé	▶ Questions de l'examinateur	▼ Une présentation personnelle + quelques questions de l'examinateur ▲	4 points
Exercice 2 Exercice en interaction	▶ Deux situations à tirer au sort	▼ Un jeu de rôle avec l'examinateur ▲	4 points
Exercice 3 Expression d'un point de vue	▶ Deux courts articles à tirer au sort	▼ Un exposé + quelques questions de l'examinateur ▲	4 points

Le niveau linguistique est noté sur **13 points** :
- ▶ Lexique : **5 points**
- ▶ Grammaire : **4 points**
- ▶ Phonétique : **4 points**

LA CONSIGNE

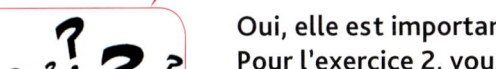

C'est quoi ?

La consigne pour les exercices 2 et 3 est importante ?

C'est une phrase qui précise le contexte. Elle explique ce qu'il faut faire pour répondre au sujet.

▶ **Exemple :** « Vous êtes dans un train en France. Vous avez acheté votre billet mais vous n'avez pas eu le temps de le retirer avant de monter dans le train. Vous discutez avec le contrôleur pour trouver une solution.
L'examinateur joue le rôle du contrôleur. »

Oui, elle est importante.
Pour l'exercice 2, vous tirez au sort deux sujets et vous choisissez celui que vous préférez.
C'est la même chose pour l'exercice 3.

Dans l'exercice 2, il y a parfois des images pour vous aider.

LES QUESTIONS ET LES RÉPONSES

Pour chaque exercice de l'épreuve de production orale, essayez de faire des phrases bien construites et d'utiliser un vocabulaire varié. Prenez le temps d'articuler, parlez clairement.
Profitez des 10 minutes de préparation de l'exercice 3 pour organiser vos idées et identifier les mots-clés.

CONSEILS

Quand commencer à parler ?
- ■ Dès le début de l'épreuve, après les 10 minutes de préparation.

Combien de temps faut-il parler ?
- ■ Il faut parler environ 2 à 3 minutes pour la partie 1, environ 3 à 4 minutes pour la partie 2, et 5 à 7 minutes pour la partie 3 (dont 3 minutes sous forme de monologue).

Quand commencer la préparation ?
- ■ Après avoir lu le document candidat, uniquement pour la partie 3.

1 Préparer l'entretien dirigé

— Parler de soi, de sa famille, de son environnement

Activité 1

Lisez les mots-clés suivants, choisissez-en 8 et à partir des mots choisis, présentez-vous.

ville natale - parents - animaux - études - voyages - nourriture - amis - musique - sports - frère/sœur - Internet - sorties

Voilà, je me présente...

Activité 2

Observez attentivement l'image suivante et présentez les membres de la famille en vous aidant des questions suivantes :
– *Qui sont-ils ?*
– *Que font-ils ?*
– *Qu'aiment-ils ?*
– *Où vivent-ils ?*

— Parler de son passé, de son présent, de ses projets

PISTE 23

Activité 3

Écoutez les 3 témoignages, dites si les personnes parlent d'un événement passé, présent et/ou futur en cochant (☑) la bonne case et écrivez les expressions de temps qu'elles utilisent.
Attention : il peut y avoir plusieurs réponses possibles.

Personne 1 : ☐ passé ☐ présent ☐ futur

Expressions de temps utilisées : . . . .

Personne 2 : ☐ passé ☐ présent ☐ futur

Expressions de temps utilisées : . . . .

Personne 3 : ☐ passé ☐ présent ☐ futur

Expressions de temps utilisées : . . . .

Activité 4

Observez les images suivantes. Sous chaque image, écrivez si elle vous rappelle un événement passé, présent ou futur de votre vie puis parlez de cet événement en utilisant des expressions de temps (par exemple celles relevées dans l'activité 3).

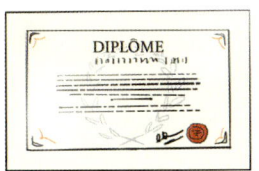   

. . . .

. . . .

. . . .

SE PRÉPARER

— **Répondre sans préparation à des questions sur des sujets familiers**

Activité 5

Associez les questions et les réponses ensemble. **Attention : deux questions n'ont pas de réponse.**

Questions

1. Qu'aimez-vous faire avec vos amis ?

2. Quelles qualités recherchez-vous chez vos amis ?

3. Quels sont vos projets pour les prochaines vacances ?

4. Quelle activité faites-vous souvent le week-end ?

5. Que voulez-vous faire comme profession plus tard ?

6. Quelles sont vos matières préférées à l'école ?

7. De quel objet est-ce que vous ne pouvez pas vous séparer ?

8. Quelles relations avez-vous avec vos grands-parents ?

Réponses

• **a.** Mon téléphone portable est ce qui est le plus important pour moi !

• **b.** Pour le moment, je n'ai pas décidé si je voyageais ou si je trouvais un petit emploi pour l'été.

• **c.** Malheureusement, ils habitent loin mais j'apprécie de passer du temps avec eux.

• **d.** Apprendre l'histoire de mon pays me plaît beaucoup et j'aime aussi beaucoup étudier le français.

• **e.** J'adore sortir, aller au cinéma, me distraire avec eux.

• **f.** En général, le samedi, je cours autour du lac, près de chez moi.

Activité 6

PISTE 24

Écoutez les questions. Pour chaque question, écrivez une réponse possible.

1 - Réponse : ....

....

2 - Réponse : ....

....

3 - Réponse : ....

....

4 - Réponse : ....

....

5 - Réponse : ....

....

6 - Réponse : ....

....

2 Préparer l'exercice en interaction

▬ Faire face à des situations inhabituelles

Activité 7

Lisez les situations suivantes et choisissez la réaction à avoir parmi celles proposées.

 **1 -** L'employé de la piscine vous dit : « Non, désolé, je ne peux pas vous laisser entrer à la piscine sans bonnet de bain. » Comment réagissez-vous ?

☐ Je donne un conseil ☐ Je m'excuse ☐ Je propose ☐ J'explique ☐ J'insiste

2 - Votre voisin vous dit : « Ce serait possible de baisser la musique ? À travers le mur, j'entends tout et je ne peux pas dormir. » Comment réagissez-vous ?

☐ Je donne un conseil ☐ Je m'excuse ☐ Je propose ☐ J'explique ☐ J'insiste

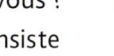

 **3 -** Votre professeur vous dit : « Je ne comprends pas ton résultat à l'examen d'histoire. Qu'est-ce qui se passe ? » Comment réagissez-vous ?

☐ Je donne un conseil ☐ Je m'excuse ☐ Je propose ☐ J'explique ☐ J'insiste

4 - Votre ami vous dit : « J'ai décidé de ne pas passer l'examen, c'est trop difficile pour moi, je n'y arriverai pas... » Comment réagissez-vous ?

☐ Je donne un conseil ☐ Je m'excuse ☐ Je propose ☐ J'explique ☐ J'insiste

 **5 -** Votre amie vous dit : « Quel dommage ! À cause de la pluie, tout le festival est annulé... On va faire quoi ce week-end ? » Comment réagissez-vous ?

☐ Je donne un conseil ☐ Je m'excuse ☐ Je propose ☐ J'explique ☐ J'insiste

Activité 8

Observez les images suivantes et pour chacune, dites une phrase adaptée à la situation.

1  **2**  **3**  **4**

▬ Respecter les codes sociolinguistiques

Activité 9

PISTE 25

Écoutez les situations suivantes, cochez le registre de langue adapté pour la réponse et écrivez-la, comme dans l'exemple.

Exemple : Registre de langue : ☐ familier ☐ standard ☐ formel

Réponse possible : *Ça ne m'intéresse pas et je suis pressé(e), désolé.*

1 - Registre de langue :　☐ familier　☐ standard　☐ formel

Réponse possible : ....

2 - Registre de langue :　☐ familier　☐ standard　☐ formel

Réponse possible : ....

3 - Registre de langue :　☐ familier　☐ standard　☐ formel

Réponse possible : ....

4 - Registre de langue :　☐ familier　☐ standard　☐ formel

Réponse possible : ....

5 - Registre de langue :　☐ familier　☐ standard　☐ formel

Réponse possible : ....

Activité 10

Lisez les situations suivantes. Pour chacune, écrivez une phrase avec les expressions de politesse adaptées.

Vous voulez…

1 - demander un service à un ami : ....

2 - critiquer la note reçue à l'examen devant votre professeur : ....

3 - dire à un ami que vous n'aimez pas son nouveau parfum : ....

4 - promettre à votre responsable de stage que vous viendrez à l'heure demain : ....

5 - demander plus de temps pour faire un devoir à votre professeur : ....

6 - rappeler à votre camarade de classe qu'il vous doit de l'argent : ....

▬ Confirmer, vérifier des informations

Activité 11

Remettez dans l'ordre les expressions suivantes puis indiquez leur sens.

1 - « voulez » « qu'est-ce que » « dire » « vous » : .... ?

2 - « à » « tout » « fait » : .... !

3 - « bien » « c'est » « ça » : .... ?

4 - « avez » « vous » « bien » « 10 € » « dit » : .... ?

5 - « sûr » « bien » : .... !

6 - « j'ai » « possible » « si » « compris » « c'est » « bien » : .... ?

Expressions pour confirmer une information	Expressions pour vérifier une information
....	....
....	....

Activité 12

Lisez les phrases et associez-les.

1 - Le dernier tee-shirt de cette taille est parti ce matin. •

• **a.** Tu veux dire que tu ne sais plus où elles sont, c'est ça ?

2 - Heu… Je croyais avoir laissé nos places de concert sur mon bureau… ? •

• **b.** Si je comprends bien, je dois en remplir un nouveau, c'est ça ?

3 - Si vous n'avez pas votre carte d'identité, je ne peux pas vous donner la réduction. •

• **c.** Vous voulez dire que vous n'en avez plus ?

4 - M. Chapon est malade, il ne donnera pas cours aujourd'hui. •

• **d.** Vous voulez dire qu'on peut rentrer chez nous ?

5 - J'ai acheté un lecteur DVD et le vendeur m'a offert 10 DVD. Tu les veux ? •

• **e.** Ça veut dire que je dois payer plein tarif, c'est bien ça ?

6 - Je suis désolée mais je ne retrouve pas ton formulaire d'inscription pour le voyage. •

• **f.** Tu veux dire que tu me les donnes ?

— Donner son opinion et la justifier

PISTE 26

Activité 13

Écoutez ces personnes qui sont devant le cinéma et, pour chacune, associez les expressions entendues et leur opinion.

Personne 1 •

• Je suis de ton avis •

• D'après moi •

Personne 2 •

• Personnellement •

• Le film dure trop longtemps.

• Je trouve (que) •

• Je suis d'accord •

• La comédie est un bon choix.

• Je pense (que) •

• Le jeu d'acteur n'est pas réussi.

Personne 3 •

• Je crois (que) •

• À mon avis •

Activité 14

Lisez les dialogues suivants et écrivez la suite pour donner votre opinion sur la situation.

> **Dialogue n° 1 : Vous parlez avec un ami.**
> – Salut !
> – Salut, tu vas bien ?
> – Oui, je voulais te parler du cadeau que j'ai acheté pour l'anniversaire de Max. C'est un ordinateur portable. Divisé en 10, ça fait 50 euros chacun. Tu peux me les donner quand ?
> – Quoi ? ....

> **Dialogue n° 2 : Vous êtes à l'accueil de la bibliothèque.**
> – Bonjour, je voudrais emprunter ce DVD.
> – Ah non, vous ne pouvez pas le prendre. Vous avez du retard pour le livre *La grammaire de A à Z*, vous ne nous l'avez pas rapporté.
> – Vous êtes sûr ? ....

> **Dialogue n° 3 : Vous parlez avec un ami.**
> – À propos de ce week-end, j'ai regardé la météo : il va pleuvoir !
> – Ah dommage ! Tant pis pour la sortie à la mer qu'on avait prévue.
> – En fait, j'ai quand même envie qu'on y aille.
> – Tu es sérieux ? Mais ....

▬ Proposer des solutions, des alternatives

Activité 15

Lisez les dialogues suivants. Cochez « oui » si la 2ᵉ phrase du dialogue permet de résoudre le problème. Si non, écrivez une phrase qui propose une solution, comme dans l'exemple.

Exemple : Dans l'immeuble :

– Ça suffit ! Trois fêtes cette semaine jusqu'à 4 heures du matin, ce n'est plus possible. La prochaine fois, j'appelle la police !

– Pas de problème, j'inviterai les policiers à ma fête !   ☐ Oui   ☒ Non

<u>Si non, solution possible</u> : *Je m'excuse ! Je vais faire attention et si la musique est trop forte, venez me le dire pour qu'on la baisse.*

1 - Dans le train :

– Désolé mais sans votre carte de réduction, votre billet n'est pas valable. Vous devez payer une amende de 22 euros.

– Impossible, je n'ai pas mon porte-monnaie.   ☐ Oui   ☐ Non

Si non, solution possible : ....

2 - À la maison :

– Où sont les médicaments que tu devais aller chercher à la pharmacie ? Ton petit frère en a besoin maintenant.

– J'ai préféré aller au parc avec les copains.   ☐ Oui   ☐ Non

Si non, solution possible : ....

3 - Au téléphone :

– Eh bien alors ? Où es-tu ? Je t'attends pour aller au cinéma !?

– Oh là là ! J'ai complètement oublié qu'on devait se voir ! Je suis chez mes grands-parents toute la journée.

On peut remettre ça à demain ?   ☐ Oui   ☐ Non

Si non, solution possible : ....

4 - Dans une entreprise :

– C'est votre troisième semaine de stage et vous n'arrivez toujours pas à utiliser la photocopieuse… Il va falloir que ça change !

– Cette machine est mal réglée, ce n'est pas ma faute ! ☐ Oui   ☐ Non

Si non, solution possible : ....

5 - Avec votre professeur :

– Ton idée pour le spectacle de fin d'année est intéressante mais trop compliquée à organiser.

– C'est la dernière fois que je propose quelque chose ! ☐ Oui   ☐ Non

Si non, solution possible : ....

Activité 16

Lisez les situations suivantes et proposez des solutions possibles pour résoudre le problème.

1 - Votre ami vous annonce qu'il vous a inscrit avec lui pour faire la course de 15 km de son quartier. Vous n'aimez pas du tout courir.

Solutions possibles :

....

....

2 - Vous avez acheté une entrée pour aller voir un match de football mais ce soir-là, votre meilleur ami fête son anniversaire. Au stade, l'employé vous dit que vous ne pouvez pas être remboursé.

Solutions possibles :

....

....

3 - Vous avez payé votre inscription à un cours de français sur le site internet de votre école. Le premier jour du cours, la secrétaire vous dit que votre nom n'apparaît pas dans sa liste et qu'il n'y a plus de place dans la classe.

Solutions possibles :

....

....

4 - Avec un ami, vous avez décidé de travailler le week-end pour gagner un peu d'argent. Il préfère être dans les champs et vous, à l'intérieur.

Solutions possibles :

....

....

▌3 Préparer le monologue suivi

— Présenter un sujet de discussion à partir d'un document

Activité 17

Lisez les titres des articles suivants et associez-les aux thèmes proposés.
Deux titres n'ont pas de thème, proposez-en un.

Titres d'articles   **Thèmes**

1 - Alerte dans les tropiques avec la montée des eaux   •

2 - De jeunes collégiens au conseil municipal   •   • **a.** Le monde associatif

3 - Le pouvoir d'achat des adolescents en hausse   •   • **b.** L'économie

4 - Les adolescents français sont-ils heureux ?   •   • **c.** Les nouvelles technologies

5 - La semaine scolaire de retour à 5 jours   •   • **d.** La philosophie

6 - Teddy, le jouet intelligent qui surveille les enfants •   • **e.** La politique

7 - Des cours de dessin dans les musées   •   • **f.** Les arts

8 - Collégien le jour et bénévole le soir   •

Titre sans thème n° 1 : ....   Titre sans thème n° 2 : ....

Proposition de thème : ....   Proposition de thème : ....

Activité 18

Lisez les textes suivants. Pour le texte 1, choisissez la phrase qui présente le mieux le sujet général du texte. Pour le texte 2, écrivez une phrase pour présenter le sujet de discussion du texte. Soulignez les expressions ou parties qui vous ont aidé à cocher la bonne réponse.

Texte 1

> ## LES LOISIRS DES ADOLESCENTS
>
> **Paresseux, les adolescents ?**
>
> Pas du tout selon cette dernière enquête qui dit que 70 % d'entre eux pratiquent au moins une activité après l'école. Naturellement, sans surprise, pour 63 % des collégiens et 53 % des lycéens, c'est l'écran (portable, tablette, ordinateur, télévision…) qui les attire le plus, loin devant la lecture de livres (hormis les lectures imposées par l'école), magazines, bandes dessinées qui constitue quand même l'activité principale de 15 % des collégiens (plutôt portés sur les romans policiers ou d'aventure)  et 16 % des lycéens (davantage attirés par les romances et les drames), ce qui représente environ 1 h 20 de leur temps chaque jour.

☐ Les adolescents passent trop de temps devant un écran.

☐ Beaucoup d'adolescents ont une ou plusieurs activités extrascolaires.

☐ Plus de la moitié des adolescents lisent, en plus des lectures obligatoires.

Texte 2

JOUEUR DE FOOTBALL

Un métier pour s'enrichir ?

25 ou 30 millions d'euros, c'est le salaire annuel des joueurs de football les mieux payés au monde. Ce chiffre continue à augmenter d'année en année. Pour 96 % de Français, c'est beaucoup trop. Est-ce uniquement de la jalousie ? Il semble que non puisqu'aujourd'hui, même des entraîneurs et d'anciens joueurs critiquent ces sommes inimaginables. Quant aux supporters, ils participent, qu'ils le veuillent ou non, au système quand ils achètent des places ou des produits dérivés. « *Le problème est qu'aujourd'hui, si un joueur ne gagne pas des millions, le public va penser qu'il joue mal* », explique Stéphane, dans un club depuis plus de vingt ans. Difficile d'arrêter cette course aux gros chiffres…

Présentation du texte :

....

— Exprimer son opinion et la justifier

Activité 19

Lisez les phrases suivantes, relevez les expressions d'opinion et classez-les dans le tableau.

Pour ou contre les visages et les corps refaits des stars de cinéma ?

Personnellement, je trouve que c'est plus joli à regarder. J'achète un ticket de cinéma pour ça…

Je ne suis pas du tout d'accord ! D'après moi, le cinéma doit représenter la vie réelle. Et dans la réalité, tout le monde n'est pas beau !

Je suis bien de ton avis. Quand je vais au ciné, c'est pour voir de belles images, de belles personnes.

Absolument ! Quelle idée de vouloir faire croire aux spectateurs que la beauté est partout ! Un peu de sincérité ! Je vous donne un exemple : dans mon pays, les stars doivent dire dans la presse si elles ont fait de la chirurgie esthétique !

Je ne suis pas tout à fait d'accord avec toi. Oui, c'est vrai, le rôle du cinéma, c'est de faire rêver mais pour s'identifier, il faut des images proches de nous, non ?

Ça m'étonne d'entendre vos réactions ! Les gens, y compris les stars de cinéma, font ce qu'ils veulent avec leur corps, non ?

Moi, ça m'inquiète ! Je crains que les jeunes, surtout les filles, soient influencés et décident de ressembler à ces stars. Mais à mon avis c'est impossible !

Donner son avis	Partager la même opinion	Exprimer la peur
....	* en partie : .... * totalement :	....

Exprimer un désaccord	Donner un exemple	Exprimer la surprise
....	....	....

Activité 20

Lisez les phrases suivantes. Pour exprimer votre opinion, remplissez le tableau en donnant 2 idées « pour », 2 idées « contre » et des exemples.

Phrases	Pour	Contre
1- Il me semble que mes amis de l'école primaire vont rester mes meilleurs amis pour toute la vie. On se connaît tellement bien !	**Idée 1 :** .... **Idée 2 :** .... **Exemple :**	**Idée 1 :** .... **Idée 2 :** .... **Exemple :**
2 - Je suis du même avis que la majorité des gens de ma classe : les professeurs sont trop autoritaires avec nous !	**Idée 1 :** .... **Idée 2 :** .... **Exemple :**	**Idée 1 :** .... **Idée 2 :** .... **Exemple :**
3 - Pour moi, la recherche scientifique pour soigner les êtres humains est plus importante que la vie des animaux… même si j'adore mon chat !	**Idée 1 :** .... **Idée 2 :** .... **Exemple :**	**Idée 1 :** .... **Idée 2 :** .... **Exemple :**
4 - Aujourd'hui, pour réussir dans la vie, je pense qu'il est indispensable d'être connu sur Internet, avoir sa chaîne Youtube, par exemple.	**Idée 1 :** .... **Idée 2 :** .... **Exemple :**	**Idée 1 :** .... **Idée 2 :** .... **Exemple :**
5- Je suis très inquiet pour l'avenir de la planète. Le climat est complètement modifié, la pollution, très importante.	**Idée 1 :** .... **Idée 2 :** .... **Exemple :**	**Idée 1 :** .... **Idée 2 :** .... **Exemple :**

— Organiser sa présentation de manière claire

Activité 21

Lisez le texte et répondez aux questions.

LE DOUBLE RÔLE DU VÊTEMENT DU FUTUR

Accepteriez-vous de porter un tee-shirt qui surveille votre corps ?

Après les montres connectées, grâce aux progrès de la science, le monde va bientôt découvrir les tissus connectés, donc des vêtements connectés. Pour l'instant, ces tissus s'adressent autant aux cyclistes du Tour de France qu'aux joueurs de l'équipe du Real Madrid… autrement dit uniquement aux sportifs de haut niveau. Ils sont composés d'une matière qui supporte l'humidité du corps et, afin de surveiller votre cœur, les muscles que vous travaillez, l'air dans vos poumons, le nombre de pas réalisés, etc., ils doivent être en contact avec votre peau. Cependant, si vous n'avez pas

de smartphone, les informations reçues vous seront… inutiles ! À la fin, il vous restera quand même la fonction première du tee-shirt : celle d'un vêtement !

1 - Quel est le thème du texte ? ....

2 - Présentez le sujet principal du texte : ....

3 - Dans le texte, quels mots ou expressions expriment :

l'opposition	le but	la comparaison	la conséquence	la cause	la chronologie
....	....	....	....	....	....

Connaissez-vous les mots ou expressions suivantes ? Qu'expriment-ils ? Classez-les.

enfin - puisque - c'est pourquoi - d'abord - pour (que) - même si - à cause de - ensuite -
étant donné que - dans un premier temps - pourtant - alors - aussi… que -
parce que - bien que - comme - mais - car - plus/moins… que - après

– l'opposition :   ....   -   ....   -   ....

– la conséquence :   ....   -   ....

– la cause :   ....   -   ....   -   ....

  ....   -   ....

– le but :   ....

– la comparaison :   ....   -   ....

– la chronologie :   ....   -   ....

  ....

▌1 L'entretien dirigé

Exercice 1 **4 points**

Analysez la consigne du premier exercice de l'épreuve de production orale.

Entretien dirigé   **SANS PRÉPARATION**   **(2 à 3 minutes)**

Vous parlez de vous, de vos activités, de vos centres d'intérêt. Vous parlez de votre passé, de votre présent et de vos projets.

L'épreuve se déroule sur le mode d'un entretien avec l'examinateur qui amorcera le dialogue par une question (exemples : « *Bonjour..., pouvez-vous vous présenter, me parler de vous, de votre famille... ?* »).

Que faut-il faire ?

▸ Vous devez montrer que vous pouvez parler avec **une certaine assurance** de :
– vous ;
– vos activités ;
– vos centres d'intérêt ;
– votre passé ;
– votre présent ;
– vos projets.

Combien de temps ?

▸ 2 à 3 minutes.

▸ Prévoyez **1 minute 30 à 2 minutes environ** pour parler de vous et entre **1 minute et 1 minute 30** pour répondre aux questions de l'examinateur.

▸ Attention ! Cette partie n'est pas préparée.

Comment organiser votre présentation pour réussir ?

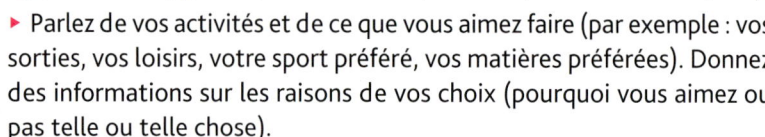

▸ Soyez poli(e). Saluez les examinateurs en entrant dans la salle.

▸ Parlez de vous en donnant des informations sur vous (nom, prénom, âge, nationalité, parents, frères et sœurs, animaux, lieu d'habitation, etc.).

▸ Parlez de vos activités et de ce que vous aimez faire (par exemple : vos sorties, vos loisirs, votre sport préféré, vos matières préférées). Donnez des informations sur les raisons de vos choix (pourquoi vous aimez ou pas telle ou telle chose).

▸ Parlez d'un événement passé (par exemple : vos dernières vacances, votre précédente école, un lieu que vous venez de visiter).

▸ Vous pouvez conclure en évoquant un projet pour l'avenir (par exemple : vos futures vacances, vos études ou votre profession pour plus tard).

▸ Répondez aux questions de l'examinateur.

Exemple d'entretien :

Mes activités

Ma famille

Mes études

Examinateur : Bonjour, pouvez-vous vous présenter, me parler de vous, de votre famille ?

Candidate : Bonjour, je m'appelle Stella Atkins. J'habite à Manchester avec ma famille. J'ai deux petites sœurs, Laura et Katie. Laura a 10 ans et Katie a 13 ans. Mon père, James, travaille à la banque et ma mère, Mary, est infirmière.

Je parle de ma famille.

Je vais au collège près de chez moi. J'adore cette école et j'y ai beaucoup d'amis. Ma matière préférée, c'est l'histoire car j'aime beaucoup étudier le passé de mon pays.

Je parle de mes études.

Quand je ne suis pas à l'école, j'aime passer du temps avec mes amis. Nous allons au cinéma, nous allons nous promener au centre commercial ou bien nous nous retrouvons chez nous pour bavarder. Je fais du volley-ball. J'ai commencé il y a 3 ans. Au début, je n'aimais pas trop car je trouvais que j'étais trop petite pour ce sport. Je n'arrivais pas à sauter comme il faut. Maintenant, je suis plus grande et je trouve ce sport très intéressant. Mon équipe est très forte, nous avons gagné le dernier championnat régional.

Je parle du passé.

Je parle de ce que j'aime faire.

Plus tard, j'aimerais travailler dans une société de communication. J'adore la publicité, les réseaux sociaux, Internet.

Je parle de mes projets.

Examinateur : Merci Stella. Vous savez quel type de métier vous aimeriez faire dans la communication ?

Candidate : Non, pas exactement. Je ne connais pas assez ce domaine. Je crois que j'aimerais créer des publicités, comme des affiches ou des vidéos. Je n'y ai pas encore bien réfléchi.

J'apporte des précisions sur un élément de ma présentation.

Examinateur : Je comprends. J'aimerais savoir si vous avez pratiqué d'autres sports avant le volley-ball ?

Candidate : Oui. Quand j'avais 5 ans, j'ai fait du judo mais j'ai vite abandonné car je n'aimais pas l'entraîneur. Après, j'ai fait du cirque pendant beaucoup d'années. Malheureusement, le club a déménagé et j'ai arrêté car c'était loin de chez moi.

Je réponds à l'examinateur sur un élément nouveau.

Examinateur : Merci Stella. Nous passons à présent à la deuxième partie de l'épreuve.

JE RETIENS

▸ Cette première partie permet de faire connaissance. **Je donne le plus d'informations possible à mon sujet.**

▸ **Je m'entraîne chez moi.** Je fais une présentation claire et organisée pendant 1 minute 30. Ainsi, je suis plus sûr(e) de moi le jour de l'examen.

▸ **Je suis poli(e) et souriant(e).**

4 points

Dans la deuxième partie de l'entretien dirigé, vous devez répondre aux questions de l'examinateur. L'examinateur cherche à mieux vous connaître. Il peut vouloir approfondir certains points de votre présentation ou chercher à vous questionner sur d'autres sujets familiers.

Voici quelques exemples de questions posées par l'examinateur. Répondez à chaque question en donnant le plus d'informations possible.

Sur vous et votre famille :
– Parlez-moi de votre famille.
– Quelle est la personne avec qui vous vous entendez le mieux ? Pourquoi ?
– Comment s'organise votre journée lorsque vous étudiez ?

Sur vos goûts et activités :
– Parlez-moi de vos loisirs préférés.
– Expliquez-moi pourquoi vous apprenez une langue étrangère.
– Quelle nouvelle activité aimeriez-vous faire ? Pour quelles raisons ?

Sur le passé :
– Qu'avez-vous fait pendant les dernières vacances ?
– Quel est votre plus beau souvenir en famille ?
– Parlez-moi de votre dernière sortie entre amis.
– Comment avez-vous commencé à apprendre le français ?

Sur vos projets :
– Que souhaiteriez-vous faire plus tard ? Pourquoi ?
– Quel pays aimeriez-vous visiter ?
– Aimeriez-vous partir étudier à l'étranger ? Pour quelles raisons ?

JE RETIENS

▶ **Je réponds clairement aux questions** de l'examinateur.

▶ **Je développe mes réponses.**

▶ **Je fais attention à la qualité de mes réponses.** Je choisis le vocabulaire que je connais, je construis des phrases correctes et je prends le temps de bien articuler.

2 L'exercice en interaction

Exercice 3

Lisez la consigne du deuxième exercice de l'épreuve de production orale.

Le genre masculin est utilisé pour alléger le texte. Vous pouvez naturellement adapter la situation en utilisant le genre féminin.

Exercice en interaction **SANS PRÉPARATION** **(3 à 4 minutes)**

Vous jouez le rôle qui vous est indiqué sur le document que vous avez choisi parmi les deux tirés au sort.

Sujet choisi :

Vous êtes en stage dans une boulangerie en Suisse. Depuis le début du stage, vous ne vous occupez que du nettoyage (vitres, sol, frigos, etc.). Vous aimeriez apprendre à faire du pain. Vous en parlez au boulanger mais celui-ci n'est pas d'accord. Vous essayez de le convaincre.

L'examinateur joue le rôle du boulanger.

Que faut-il faire ?

▸ Vous devez tirer au sort deux sujets parmi ceux proposés.
▸ Vous lisez les sujets et vous en choisissez un.

Combien de temps ?

▸ 3 à 4 minutes.
▸ Comme pour l'entretien dirigé, cette partie n'est pas préparée.

Quels sont les sujets proposés ?

Comment faire pour réussir ?

▸ Vous devez bien identifier la situation de communication : allez-vous utiliser le « tu » ou le « vous » pour parler avec l'examinateur ?

▸ C'est vous qui devez commencer à prendre la parole. Commencez par exemple par présenter la situation. Donnez éventuellement des explications au problème.

▸ Dans cet exercice, il faut savoir réagir à ce que vous dit l'examinateur. Vous devez être capable par exemple de donner votre avis, de défendre votre opinion, de faire des propositions, de proposer d'autres idées, de donner des précisions ou d'apporter des confirmations.

▸ N'oubliez pas qu'il est important de trouver une solution avec l'examinateur !

▸ À la fin de la discussion, remerciez l'examinateur et saluez-le.

▸ Au niveau B1, on vous propose toujours une situation « problématique ». Il s'agit de résoudre un problème en discutant avec l'examinateur.

Exemple d'interaction entre un candidat et un examinateur :

Candidat : Monsieur Thévaux, je pourrais vous parler ?

Examinateur : Bien sûr Matteo. Que veux-tu me dire ?

Je prends la parole en premier.

Candidat : Voilà, cela fait deux jours que je suis ici. J'aime beaucoup la boulangerie, mais depuis mon arrivée, je ne fais que du ménage. Je nettoie les frigos, les vitrines, le sol, les vitres. J'aimerais faire autre chose.

Examinateur : Et qu'est-ce que tu voudrais faire ?

Candidat : Je voudrais apprendre à faire du pain.

Je décris le problème.

Examinateur : Matteo, je comprends mais la propreté, tu sais, c'est essentiel dans une boulangerie. Tu es très utile.

Candidat : Oui, mais, ce n'est pas le type de stage que je recherche. Je ne trouve pas ça très intéressant.

Examinateur : Tu te trompes, au contraire. Ça te permet d'observer comment fonctionne la boulangerie.

Je donne mon avis.

Candidat : Oui, mais le fonctionnement de la boulangerie, je le connaissais déjà. Quand je venais acheter le pain, je voyais déjà comment ça marchait ici. Je n'ai rien appris depuis que je suis arrivé. Je voudrais découvrir quelque chose de nouveau.

Examinateur : C'est compliqué pour moi de t'enseigner ce métier. Et je n'ai pas beaucoup de temps pour t'apprendre.

Je défends ma position.

Candidat : C'est dommage, j'aimerais tellement préparer des baguettes, des croissants, des pains au chocolat. J'ai une idée ! Est-ce que je ne pourrais pas au moins rester avec vous pour regarder ?

Examinateur : Me regarder ? Ça te suffirait ?

Je fais une proposition.

Candidat : Bien sûr ! J'aime beaucoup voir les gens travailler avec leurs mains. Et je suis certain que j'apprendrai beaucoup de choses.

Je confirme mon intérêt.

Examinateur : Si tu le dis. Moi, je n'y vois pas d'inconvénient. Mais, il faut changer tes horaires dans ce cas.

Candidat : Et pour quelle raison ?

Examinateur : Eh bien, à ton avis, comment fait-on pour avoir du pain frais le matin lorsque la boulangerie ouvre à 7 heures ? Il faut se lever très tôt. J'arrive ici tous les jours à 3 h 30.

Candidat : À 3 h 30 ! C'est incroyable ! Et vous vous levez aussi tôt depuis combien de temps ?

J'interagis avec l'examinateur.

Examinateur : Depuis 20 ans. Ce n'est rien, on s'y habitue.

Candidat : Je ne sais pas si je suis capable d'être prêt aussi tôt… Mais je voudrais quand même essayer. Alors, demain, je peux venir à 3 h 30 ?

Examinateur : Oui, mais tu dois me promettre de ne pas me déranger.

Candidat : Oui, oui. C'est promis. Je vous observerai et je prendrai des notes. Ce sera utile pour mon rapport de stage.

Je conclus sur un accord.

Examinateur : Très bien. Et si tout se passe bien, le lendemain, je t'apprendrai à préparer les baguettes.

Candidat : Vraiment ? Merci monsieur Thévaux ! Vivement demain ! Au revoir !

Je remercie et je salue l'examinateur.

JE RETIENS

‣ **Je prends bien le temps de lire** les deux sujets proposés.

‣ **Je choisis le sujet** qui me semble le plus facile à jouer ou sur lequel j'aurai le plus de choses à dire.

‣ Cet exercice est une simulation. **Je joue un rôle.** L'examinateur joue également un rôle.

Exercice 4   4 points

Lisez la consigne du troisième exercice de l'épreuve de production orale.

Le genre masculin est utilisé pour alléger le texte. Vous pouvez naturellement adapter la situation en utilisant le genre féminin.

Exercice en interaction   SANS PRÉPARATION   (3 à 4 minutes)
Vous jouez le rôle qui vous est indiqué sur le document que vous avez choisi parmi les deux tirés au sort.

Sujet proposé :
Vous êtes en voyage avec votre classe de français à Clermont-Ferrand. Le programme du voyage est très riche (villages, musées, parcs, spectacles, etc.). Vous trouvez cela intéressant mais avec vos camarades, vous aimeriez pouvoir faire des achats. Vous essayez de convaincre votre professeur de vous laisser un peu de temps libre dans le centre-ville.
L'examinateur joue le rôle de votre professeur.

1 - Lisez bien le sujet. Qu'est-ce qu'on vous demande de faire ? Devez-vous utiliser le « tu » ou le « vous » pour parler avec l'examinateur ?

2 - Réfléchissez à la façon dont pourrait se dérouler le dialogue. Quelles pourraient être les remarques/questions de l'examinateur ?

3 - À l'aide d'un ami, jouez le jeu de rôle.

JE RETIENS

‣ **Je joue le rôle qui m'est demandé.** Pour être sûr(e) d'avoir bien compris, je relis plusieurs fois le sujet.

‣ Pour résoudre un problème, **je propose des solutions** avec calme et assurance.

‣ **J'écoute attentivement** mon interlocuteur et je réagis à ses remarques.

3 L'expression d'un point de vue

Exercice 5   **4 points**

Lisez la consigne du troisième exercice de l'épreuve de production orale.

Expression d'un point de vue   PRÉPARATION 10 minutes   (5 à 7 minutes)
Vous jouez le rôle qui vous est indiqué sur le document que vous avez choisi parmi les deux tirés au sort.

Sujet proposé :

Faut-il étudier seul ou à plusieurs ?

Il n'est pas toujours facile de s'enfermer pour réviser ses cours. On se sent seul et on n'a personne pour répondre à nos questions en cas de difficulté. C'est pourquoi de nombreux jeunes se réunissent pour étudier ensemble. Cela permet de vérifier que tout le monde a bien la même compréhension de ce qui est important dans le cours et de partager ses connaissances. C'est donc un moyen efficace… à condition de savoir s'organiser.

En effet, pour que les rencontres ne se transforment pas en bavardage, il est important de programmer les séances de travail et de limiter le nombre de personnes. Si vous êtes à quinze, vous n'aurez aucun bénéfice à travailler en groupe. Et puis, cette méthode marche si vous acceptez de travailler différemment. Certains ont besoin de musique forte ou de parler à voix haute. Quand on a déjà ses habitudes de travail, on se dit qu'on perd peut-être son temps…

Que faut-il faire ?

▸ Vous tirez au sort deux documents et vous en choisissez un. Vous devez :
▸ dégager le thème du document ;
▸ présenter votre opinion ;
▸ organiser votre présentation ;
▸ répondre aux questions de l'examinateur.

Combien de temps ?

▸ Vous avez **10 minutes** pour préparer votre intervention.
▸ Votre exposé dure **environ 3 minutes**.
L'entretien avec l'examinateur dure **entre 2 et 4 minutes**.

De quoi parlent les documents en général ?

▸ Les articles proposés sont des textes d'intérêt général qui parlent des études, de la société, du monde du travail, de la famille, des voyages, etc.
▸ Ce sont des textes courts (environ 150 mots). Ils vous servent de base pour présenter votre opinion.

Comment faire son exposé pour réussir ?

Avant	Pendant
1 - Choisissez le sujet pour lequel vous avez le plus de choses à dire. **2 -** Notez les idées importantes et prévoyez des exemples concrets. Vous pouvez organiser vos idées sous forme de carte. 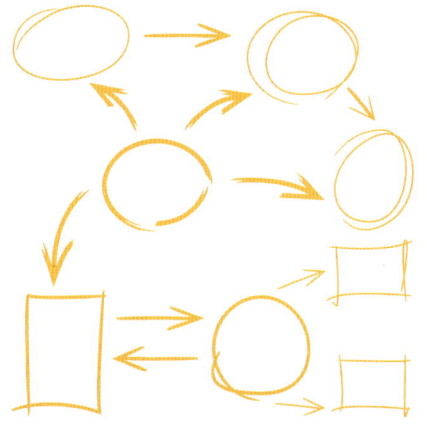 **3 -** Réfléchissez à la manière dont vous allez introduire votre présentation. Pensez aussi à une conclusion.	**1 -** Soyez souriant(e) et détendu(e). **2 -** Présentez le thème de manière simple. **3 -** Donnez votre opinion à partir d'informations du texte mais aussi d'éléments personnels. Organisez vos idées. **4 -** Concluez simplement votre présentation. **5 -** Répondez aux questions de l'examinateur. 

Exemple de présentation développée par une candidate :

Bonjour ! Je voudrais vous parler d'un sujet qui m'intéresse particulièrement : les révisions. L'article que je viens de lire pose la question suivante : faut-il étudier seul ou en groupe ?
Tout d'abord, nous parlerons du travail en solitaire, puis nous verrons ensemble dans quelles conditions le travail en groupe peut être organisé. Enfin, nous évoquerons les avantages du travail en groupe.

J'introduis le sujet.

Premièrement, je pense que pour apprendre une leçon, il est important, avant tout, de travailler seul. C'est, selon moi, le meilleur moyen de mémoriser les cours. Et le jour de l'examen ou du contrôle, il ne faut pas oublier que personne ne pourra répondre à notre place. Nous serons seuls devant notre copie, alors, il vaut mieux prendre l'habitude de travailler seul tout de suite. Pour moi, ce travail est une première étape indispensable. Personnellement, je suis incapable d'apprendre une leçon si j'ai du monde autour de moi. En plus, tout le monde ne travaille pas au même rythme et de la même manière. Comme le montre l'article, certains ont besoin d'écouter de la musique, d'autres marchent. Moi, j'ai besoin de silence. Ce n'est qu'après ce travail seule que je peux penser à un travail en groupe.

Je développe ma première idée.

Voyons à présent dans quelles conditions il faut organiser le travail à plusieurs. L'article dit qu'il ne faut pas être trop nombreux. Effectivement, une fois, j'ai révisé avec plusieurs amis de la classe, on était huit et je pense que nous n'avons pas bien travaillé. On a passé notre temps à parler de nos histoires personnelles. C'était du temps perdu. D'après mon expérience, je crois que trois ou quatre personnes suffisent pour bien travailler. De plus, dans mon cas, quand je travaille avec d'autres personnes, j'aime bien que ce soit toujours les mêmes personnes. J'ai deux amies avec qui j'étudie souvent. On organise des rendez-vous chez nous ou à la bibliothèque. Comme cela fait longtemps qu'on travaille ensemble, on se connaît bien. On a plus ou moins le même niveau, on sait quels sont les points forts et les points faibles de chacune, on connaît nos habitudes de travail. Par conséquent, nous sommes assez efficaces.

> *Je développe ma deuxième idée.*

Cela me permet de parler de mon dernier point, les avantages du travail à plusieurs. Comme je viens de le dire, lorsque le travail en groupe est bien organisé, on est plus efficace dans ses révisions. Avec mes amies, nous nous partageons le travail. L'une fait des fiches de révision, l'autre travaille sur le cours, la dernière se concentre sur les exercices. Et puis, en fonction des matières à réviser, nous avons des rôles différents. Moi, par exemple, je suis forte en mathématiques, mais pas trop en biologie. Alors, c'est souvent moi qui explique à mes amies les points importants en mathématiques. D'ailleurs, une chose que j'ai remarquée avec le travail à plusieurs, c'est que quand on explique un point du cours à quelqu'un, on se rend compte si on a bien compris la leçon. En effet, il faut reformuler, utiliser d'autres exemples pour faire comprendre aux autres. Et j'ai même l'impression de mieux avoir appris la leçon après avoir dû l'expliquer.

> *Je développe ma troisième idée.*

Pour conclure, je pense que les deux méthodes de travail sont utiles et complémentaires. Pour réussir ses révisions, il faut bien se connaître et choisir de travailler seul ou à plusieurs en fonction de ce qu'on veut faire. S'il s'agit d'apprendre un texte par cœur, je préfère être seule mais s'il faut résoudre un problème, le travail en groupe peut être efficace et rassurant.

> *Je conclus.*

JE RETIENS

▸ **Je profite des 10 minutes** à ma disposition pour préparer l'exposé.

▸ **Je fais attention à mon introduction et à ma conclusion.** Ce sont en effet des moments importants.

▸ **J'organise mes idées de façon logique** pour que mon exposé soit facile à suivre.

Exercice 6

4 points

Lisez la consigne du troisième exercice de l'épreuve de production orale.

> **Expression d'un point de vue** **PRÉPARATION 10 minutes** **(5 à 7 minutes)**
> Vous jouez le rôle qui vous est indiqué sur le document que vous avez choisi parmi les deux tirés au sort.

Sujet proposé :
Un mois sans téléphone portable
Christelle, 16 ans, a tenté l'expérience : elle a passé un mois sans téléphone portable !

« *Au début, j'ai eu peur. Comment faire pour me réveiller ? Communiquer ? Me déplacer ? Autant de questions auxquelles on ne pense pas au départ. Je me suis dit que ce mois allait être très compliqué... Mais, petit à petit, j'ai commencé à m'organiser différemment. J'ai acheté un réveil, j'ai appris à contrôler les horaires du bus à la maison. Dans le bus, j'ai* commencé à lire des livres et dans la rue, j'ai découvert plein de détails que je ne remarquais jamais avant. Le soir, je parlais avec mes amis depuis mon ordinateur. Finalement, je me suis rendu compte qu'on pouvait se passer du téléphone. Et depuis cette expérience, je l'utilise beaucoup moins.* »
Et vous ? Que pensez-vous de cette expérience ? Seriez-vous capable de faire comme Christelle ?

1 - Prenez 10 minutes pour préparer votre exposé.

2 - Présentez votre exposé pendant 3 minutes (surveillez votre temps avec un chronomètre).

3 - Répondez aux questions que pourrait vous poser l'examinateur :

– Comment faire pour limiter notre utilisation du téléphone portable ?

– Pour quelles raisons de nombreuses personnes sont-elles dépendantes du téléphone ?

– Pensez-vous qu'on communique mieux aujourd'hui ?

JE RETIENS

▸ Avant de commencer à parler, **je respire profondément et je me détends.**

▸ **Je parle clairement et assez fort** pour qu'on me comprenne.

▸ **Je n'oublie pas de remercier et de saluer** les examinateurs avant de partir.

Communication

- Saluer
- Se présenter
- Parler de sa famille, de ses goûts, de ses loisirs
- Parler du passé, de l'avenir
- Donner son avis
- Proposer d'autres idées
- Préciser
- Confirmer
- Introduire un sujet
- Organiser son discours
- Conclure

Socioculturel

- Savoir décrire les caractéristiques de son environnement
- Être capable de réagir dans une situation imprévue
- Adapter son discours en fonction des registres de langue
- Être capable de comprendre le point de vue de l'interlocuteur

Vocabulaire

- Famille
- Études
- Loisirs
- Opinion
- Projets
- Sentiments
- Travail

Grammaire

Les connecteurs logiques
Les phrases simples
Les phrases complexes
Les temps et les modes
L'hypothèse
Les tournures impersonnelles
Les pronoms (possessifs, interrogatifs, indéfinis)

STRATÉGIES

1. Pendant les 10 minutes de préparation, je me concentre sur les idées et expressions que je peux formuler.

2. Si j'ai oublié comment dire quelque chose pendant l'examen, je ne panique pas. J'essaie d'expliquer ce que je veux dire en proposant une petite définition ou un synonyme.

3. Si j'ai dit quelque chose qui n'est pas correct (conjugaison, accord, choix d'un mot) et que je m'en aperçois, je me corrige simplement.

POUR DIRE

Saluer
- Bonjour monsieur / madame…
- Comment allez-vous ?

Se présenter
- Je me présente…
- Je m'appelle…
- Je suis…
- Je suis né(e) le … / J'ai … ans.

Parler de sa famille
- J'ai un frère / une sœur.
- Je suis fils / fille unique.
- Je vis dans une famille nombreuse.
- Mon frère / Ma sœur / Mon père / Ma mère s'appelle…

Parler de ses goûts
- J'adore… / J'apprécie… / J'admire…
- J'aime surtout…
- Ce qui me plaît le plus, c'est…
- C'est super / génial / intéressant…
- Je m'intéresse à…
- Je me passionne pour…
- Je n'aime pas du tout…
- Je déteste… / J'ai horreur de…
- Je trouve ça insupportable / désagréable…

Évoquer des loisirs
- Gymnastique, natation, tennis, golf, balade, promenade, collection, exposition, concert, festival, lecture, opéra, théâtre, jeu de cartes…

Parler du passé
- Hier / avant-hier / la semaine dernière / il y a deux ans / en 2002…
- J'ai vu / fait / visité / découvert…
- Il y avait…

Parler de l'avenir
- Demain / après-demain / la semaine prochaine / dans un mois / l'année prochaine…
- Plus tard, j'envisage de…
- J'ai l'intention de…

Donner son avis
- Moi, je crois / pense que…
- Il me semble que…
- Personnellement, je trouve que…
- À mon avis / D'après moi / Selon moi…

Proposer des idées
- Je te / vous propose de…
- Pourquoi ne partirait-on pas… ?
- Et si… ?
- Je te / vous conseille de…
- Vous n'aimeriez pas… ?
- Tu n'as pas envie de… ?
- Que penses-tu de… ?

Préciser
- Ce que je veux dire, c'est que…
- Plus précisément…
- Pour être plus clair(e), …

Confirmer
- Tout à fait. Exactement.
- Ce que vous dites est juste.
- Mais oui.

Introduire un sujet
- Je voudrais / souhaiterais vous parler de…
- Le sujet que j'aimerais vous présenter parle de…
- Je viens de lire un article qui traite de…

Donner son opinion
- Il me semble que…
- Je suis de l'avis que…
- Je suis tout à fait d'accord.
- Je ne crois pas que (+ *subjonctif*)
- Je suis contre…
- Il est vrai / juste / acceptable / important / possible que…

Organiser son discours
- D'abord / Après / Ensuite / Puis / Enfin
- Le premier / deuxième point…
- Premièrement / Deuxièmement
- Nous allons voir que…
- Je passe maintenant au point suivant.

Conclure
- Finalement…
- Pour conclure / terminer, …
- Je voudrais conclure en disant que…
- En conclusion, …

Je suis prêt(e) ?

Les 4 questions à se poser

Je relis les rubriques « Je retiens » et je choisis les 4 conseils les plus importants pour moi :

1. ……
2. ……
3. ……
4. ……

Prêt pour l'examen !

avant l'examen

À faire

☐ **Enrichir** **le vocabulaire** : chercher des synonymes pour donner des informations personnelles et son opinion.

☐ **Réviser** **la syntaxe** :
– les phrases simples et complexes ;
– les conjugaisons des verbes permettant de se présenter et de donner son opinion.

☐ **Multiplier les occasions** **de parler en français** : lire à voix haute, s'enregistrer, parler devant un miroir, devant un ami.

le jour de l'examen

☐ respirer et se détendre
☐ saluer l'examinateur
☐ bien lire les consignes
☐ parler clairement
☐ penser à organiser son discours avec des connecteurs (*tout d'abord, de plus, d'ailleurs*, etc.)
☐ chercher à utiliser un vocabulaire varié
☐ faire des réponses détaillées, riches en informations

AUTO-ÉVALUATION

Compréhension de l'oral	Oui	Pas toujours	Pas encore
Je peux comprendre un événement dans un message sur répondeur.			
Je peux écouter des annonces simples à la radio ou dans un lieu public pour comprendre une information.			
Je peux comprendre des instructions simples dans un message oral court.			
Je peux identifier des situations dans des dialogues simples et courts.			
Je peux comprendre des objets cités dans un message court.			

Compréhension des écrits	Oui	Pas toujours	Pas encore
Je peux comprendre des instructions simples dans un texte écrit court.			
Je peux lire des indications pour comprendre un message et un itinéraire.			
Je peux repérer les informations importantes dans des annonces, des programmes, des règlements.			
Je peux lire un texte court pour comprendre des informations.			

Production écrite	Oui	Pas toujours	Pas encore
Je peux écrire des informations personnelles dans un formulaire.			
Je peux commencer et terminer un message simple à l'écrit.			
Je peux écrire des messages simples pour donner des nouvelles, raconter des activités ou annoncer un événement.			

Production orale	Oui	Pas toujours	Pas encore
Je peux répondre à des questions simples pour donner des informations personnelles.			
Je peux poser des questions simples pour obtenir des informations personnelles.			
Je peux obtenir des informations sur des produits et acheter un bien ou un service au restaurant, dans un magasin, dans un club de sports, etc.			

ÉPREUVE COLLECTIVE

Compréhension de l'oral   25 minutes   25 points

Vous allez écouter plusieurs documents. Il y a 2 écoutes.
Avant chaque écoute, vous entendez le son suivant : 🔔 .
Pour répondre aux questions, cochez (☑) la bonne réponse.

Exercice 1 7 points   PISTE 27

Vous écoutez une conversation.
Lisez les questions. Écoutez le document puis répondez.

1. Pour quelle raison Mélanie est-elle en retard à son rendez-vous ?   1,5 point
a. ☐ Elle a eu des problèmes de transport.
b. ☐ Elle avait mal noté l'adresse du cinéma.
c. ☐ Elle avait des difficultés à trouver un objet.

2. Mélanie est dans l'attente d'une réponse pour...   1,5 point
a. ☐ une offre de stage.
b. ☐ un projet d'études.
c. ☐ un emploi saisonnier.

3. Quelle est la particularité du magasin décrit par Mélanie ?   1 point
a. ☐ Il propose des vêtements déjà portés.
b. ☐ Il permet de s'habiller en dépensant peu.
c. ☐ Il vend des habits de fabrication écologique.

4. Qu'est-ce qui a suscité l'intérêt de Mélanie pour ce magasin ?   1 point
a. ☐ Elle est passionnée par la mode.
b. ☐ Un reportage a attiré son attention.
c. ☐ Elle a participé à une recherche sur le secteur.

5. Selon Mélanie, on peut s'habiller facilement dans ce magasin parce qu'on y trouve...   1 point
a. ☐ une grande variété.
b. ☐ beaucoup de nouveautés.
c. ☐ des habits du monde entier.

6. Alexandre ne veut plus aller au cinéma car...   1 point
a. ☐ le film ne l'intéresse plus.
b. ☐ le film a déjà commencé.
c. ☐ le film dure trop longtemps.

Exercice 2 9 points   PISTE 28

Vous écoutez la radio.
Lisez les questions. Écoutez le document puis répondez.

1. De quoi traite le document ?   1,5 point
a. ☐ De jeunes en visite dans un studio de radio.
b. ☐ D'une émission de radio faite par des jeunes.
c. ☐ D'un animateur de radio à la rencontre des jeunes.

2. Comment se sent Fatou dans cette situation ?   1,5 point

a. ☐ Intimidée.

b. ☐ Très à l'aise.

c. ☐ Reconnaissante.

3. Qu'ont appris les jeunes collégiens pendant un mois ?   1 point

a. ☐ À donner une information exacte.

b. ☐ À choisir des musiques d'actualité.

c. ☐ À sélectionner un micro de qualité.

4. Sofiane pense que cette expérience sera probablement…   1,5 point

a. ☐ négative

b. ☐ sans effet   … pour son avenir.

c. ☐ positive

5. D'après Justine, qu'est-ce qui motive les jeunes à s'impliquer dans cet atelier ?   1 point

a. ☐ L'éventualité d'être écouté par du public.

b. ☐ Le fait de bénéficier de l'aide des professeurs.

c. ☐ La possibilité d'avoir une bonne note en classe.

6. Cette expérience peut faciliter l'obtention…   1,5 point

a. ☐ d'un stage à la radio.

b. ☐ d'un diplôme national.

c. ☐ d'une bourse d'études.

7. Pour le proviseur-adjoint, ce projet est intéressant car il a une valeur…   1 point

a. ☐ sociale.

b. ☐ historique.

c. ☐ écologique.

Exercice 3   9 points   PISTE 29

Vous écoutez la radio.
Lisez les questions. Écoutez le document puis répondez.

1. D'après Sara, ces vacances sont possibles parce que…   1 point

a. ☐ la maison est équipée.

b. ☐ tout le séjour est offert.

c. ☐ le propriétaire est présent.

2. Sara et sa famille sont partis en vacances grâce à…   1,5 point

a. ☐ une association.

b. ☐ son nouvel emploi.

c. ☐ une amie des enfants.

3. Pourquoi l'amie de Stéphanie détestait les vacances ?   1 point

a. ☐ Parce qu'elle préférait rester chez elle.

b. ☐ Parce qu'elle avait horreur des randonnées.

c. ☐ Parce que c'était trop coûteux pour sa famille.

ÉPREUVE COLLECTIVE

4. Combien compte-on de propriétaires participant à l'initiative aujourd'hui ? 1,5 point
a. ☐ Dix-huit.
b. ☐ Cinquante.
c. ☐ Soixante-dix.

5. Que se passe-t-il si un objet est cassé dans la maison ? 1 point
a. ☐ Les locataires doivent le remplacer.
b. ☐ L'association s'occupe de le réparer.
c. ☐ Une assurance est chargée d'intervenir.

6. De quelle manière les familles ont accès aux logements proposés ? 1,5 point
a. ☐ Elles sont choisies par des associations.
b. ☐ Elles indiquent leurs préférences sur Internet.
c. ☐ Elles passent un entretien avec les propriétaires.

7. Pourquoi Aline préfère les vacances en montagne ? 1,5 point
a. ☐ Parce que l'air y est plus frais et pur.
b. ☐ Parce que c'est plus calme que la plage.
c. ☐ Parce qu'il y a de nombreux loisirs possibles.

Compréhension des écrits

45 minutes | 25 points |

Pour répondre aux questions, cochez (☑) la bonne réponse.

Exercice 1 8 points

Vous êtes dans une association en France et vous devez proposer une activité pour les jeunes. Vous cherchez une activité qui doit :
- être en extérieur ;
- permettre de s'amuser en groupe ;
- se dérouler le mercredi ;
- être d'un budget maximum de 5 € par personne.

Vous comparez ces annonces. Pour chaque annonce, cochez OUI si cela correspond au critère ou NON si cela ne correspond pas (0,5 point par bonne réponse, 0 point si les deux cases « oui » et « non » sont cochées).

Concours de chant

Le nouveau salon de thé « Chant Thé » propose une activité drôle et originale : partager un thé ou un café et chanter en même temps. Ce lieu unique propose des animations pour des groupes avec des concours de chant et de karaoké. Pour les animations, il faut réserver ses places pour le samedi ou le dimanche après-midi. Au choix : concours de chant pour 5 personnes minimum d'une durée de 1 heure ou karaoké pour 20 personnes maximum d'une durée de 2 heures. Le tarif est de 8 € par personne et inclut l'inscription à l'animation, une boisson et une surprise. Pour les groupes de plus de 10 personnes, le tarif est de 6 € par personne.

Concours de chant

	A. OUI	B. NON
1. En extérieur	☐	☐
2. Activité de groupe	☐	☐
3. Le mercredi	☐	☐
4. Maximum 5 €	☐	☐

Exposition Spielberg

Le musée vous invite à découvrir une exposition sur les sculptures inspirées des films de Steven Spielberg. De *E.T.* à *Indiana Jones*, retrouvez tous les grands personnages des films. Les visiteurs pourront suivre un atelier pendant lequel, en équipes, ils feront de petites sculptures. La durée de la visite est d'environ 1 h 30 ; l'atelier dure également 1 h 30. Le musée vous reçoit du mardi au samedi, uniquement les après-midis. Le tarif est de 7 € pour la visite et l'atelier ; tarif scolaire à 5 € et 2 € pour les adultes accompagnateurs.

Exposition Spielberg

	A. OUI	B. NON
1. En extérieur	☐	☐
2. Activité de groupe	☐	☐
3. Le mercredi	☐	☐
4. Maximum 5 €	☐	☐

ÉPREUVE COLLECTIVE

Mini-golf

Le mini-golf de votre ville s'agrandit ! Avec des terrains extérieurs plus grands, vous pouvez maintenant jouer à plusieurs équipes en même temps (environ 2 h par partie). Le mini-golf possède de nouveaux écrans pour suivre les résultats de chaque équipe. Amusement garanti ! Ouvert de mars à octobre, du mercredi au dimanche, le mini-golf propose de nombreux tarifs : 10 € par personne ; 8 € par personne pour un groupe de 3, 4 ou 5 personnes ; 5 € par personne pour les groupes de plus de 6 personnes.

Mini-golf

	A. OUI	B. NON
1. En extérieur	☐	☐
2. Activité de groupe	☐	☐
3. Le mercredi	☐	☐
4. Maximum 5 €	☐	☐

Balade en forêt

Super balade en forêt avec un jeu de piste pour rechercher des objets. Vous disposez de 4 heures pour trouver 10 objets dans la forêt. Vous êtes d'abord dans des équipes de 4 personnes puis vous terminez la recherche seul afin d'être le grand gagnant. Le guide accompagne le groupe, explique le jeu, suit les équipes et donne les dernières indications aux joueurs seuls. Mercredi après-midi ou samedi après-midi uniquement. Il faut réserver 15 jours avant. Le tarif est unique : 3,50 € par personne. Le paiement se fait par espèces ou chèque à votre arrivée sur place.

Balade en forêt

	A. OUI	B. NON
1. En extérieur	☐	☐
2. Activité de groupe	☐	☐
3. Le mercredi	☐	☐
4. Maximum 5 €	☐	☐

Exercice 2   8 points

Vous lisez cet article.

Les adolescents pas si accros à la malbouffe*

Surnommés la génération Z, les adolescents d'aujourd'hui se disent préoccupés par la qualité de ce qu'ils mangent et leur équilibre alimentaire.

Par essence, les goûts des adolescents diffèrent de ceux des adultes : en pleine recherche de leur identité, ils ne veulent pas ressembler à leurs parents ! Leur assiette n'échappe pas à la règle. Mais là comme ailleurs, les modes changent. Comment les ados d'aujourd'hui marquent-ils leurs différences en termes d'alimentation ? Pas forcément par une adhésion massive à la « malbouffe », concluent des experts lors d'une conférence organisée par le Fonds français pour l'alimentation et la santé.

Dominique-Adèle Cassuto, médecin nutritionniste, en fait le constat au quotidien dans son cabinet. « *D'ordinaire, on me consulte davantage pour des problèmes touchant des filles. Mais j'observe des situations nouvelles avec l'arrivée de parents inquiets par l'attitude de leur fils qui ne veut plus manger de viande dans un souci écologiste. Ces jeunes sont en bonne santé et déterminés, et je dois apprendre à leurs parents comment cuisiner végétarien et à l'adolescent à garder un bon équilibre alimentaire.* »

L'attention se relâche à l'entrée dans l'âge adulte

À l'adolescence, manger « *c'est exprimer son style ou celui du groupe qu'on s'est choisi* », rappelle-t-elle. Chez les adolescents d'aujourd'hui, plus accrochés à leur smartphone qu'à l'ordinateur familial, « *la fréquentation des fast-foods reste d'actualité, mais elle relève davantage d'une recherche de convivialité et de mobilité dans le repas plutôt que de l'envie frénétique d'une nourriture que les adolescents eux-mêmes qualifient de "malbouffe"* », explique Véronique Pardo, anthropologue.

Selon une étude française (Inserm) réalisée auprès de 15 000 jeunes, 60,5 % des adolescents disent faire attention à leur alimentation, les filles encore plus que les garçons (64 % contre 56 %). Les motivations premières diffèrent aussi selon le sexe : les premières sont plus concernées par leur poids, tandis que les seconds se soucient avant tout de leur santé. L'attention se relâche à l'entrée dans l'âge adulte ; c'est d'ailleurs là que l'on constate un pic de surpoids, rappelle le Dr Cassuto.

La volonté de vouloir « bien manger » est parfois difficile à mettre en place avec le réel de certains. « *Une étude européenne montre que les jeunes qui déjeunent chez eux mangent plus équilibré qu'à la cantine, peut-être parce que c'est meilleur. Mais ils sont justement de moins en moins nombreux à rentrer le*

ÉPREUVE COLLECTIVE

le midi chez eux », constate Laurent Béghin, chercheur Inserm à Lille. Les lycéens et les étudiants sont par ailleurs 90 % à manger entre les repas. Dans un tiers des cas, c'est par faim parce qu'ils n'ont pas eu le temps de prendre le repas précédent.

D'après « Les adolescents pas si accros à la malbouffe » par Pauline Fréour
publié le 11/10/2016 sur le figaro.fr

* La **malbouffe** est le terme populaire donné à la nourriture jugée mauvaise sur le plan diététique en raison notamment de sa faible valeur nutritive et de sa forte teneur en graisses ou en sucres. Les hamburgers, les hot-dogs, les frites, les pizzas, les sodas en sont des exemples.

Répondez aux questions.

1. Pourquoi les goûts alimentaires des adolescents sont différents de ceux de leurs parents ?   *1 point*
a. ☐ C'est un moyen de créer leur identité.
b. ☐ C'est un moyen de découvrir tous les goûts.
c. ☐ C'est un moyen d'échanger avec leurs parents.

2. Les adolescents créent leur identité alimentaire en choisissant la « malbouffe ».   *1 point*
a. ☐ Vrai
b. ☐ Faux

3. Des parents consultent un médecin parce que leur fils ne mange plus de viande.   *1 point*
a. ☐ Vrai
b. ☐ Faux

4. Quels sont les enjeux pour le médecin nutritionniste ?   *1,5 point*
a. ☐ Inviter l'adolescent à cuisiner lui-même.
b. ☐ Donner de nouvelles habitudes de cuisine aux parents.
c. ☐ Trouver un équilibre alimentaire entre les parents et l'adolescent.

5. Pour quelle raison les adolescents vont-ils dans un restaurant fast-food ?   *1 point*
a. ☐ Pour faire comme leurs amis.
b. ☐ Pour partager un moment convivial.
c. ☐ Pour manger une nourriture qualifiée de « malbouffe ».

6. Pour les garçons, maîtriser son alimentation, c'est maîtriser son poids.   *1 point*
a. ☐ Vrai
b. ☐ Faux

7. Quelle est la réalité à laquelle font face les jeunes ?   *1,5 point*
a. ☐ Ils ne rentrent plus déjeuner chez eux.
b. ☐ Leurs parents les inscrivent automatiquement à la cantine.
c. ☐ Les repas offerts à la cantine sont plus équilibrés qu'à la maison.

Exercice 3   9 points

Vous lisez cet article.

En Tunisie, une école autonome pour motiver les élèves

C'est lundi matin et les garçons et les filles sont en rang à l'entrée de l'établissement. L'activité paraît celle d'une école traditionnelle mais dans cette école, il y a bien une particularité : ici, de l'électricité et de la nourriture sont produites.

Une association a monté un partenariat avec l'école dans le but de faciliter l'accueil des élèves en internat. Puisqu'elle se trouve dans une petite ville loin de la capitale, l'école reçoit les jeunes de toute la région. Ils font parfois plusieurs centaines de kilomètres pour venir apprendre. Par le passé, ils étaient obligés de faire l'aller-retour entre la ville et leur village tous les jours. Désormais, un hébergement leur est proposé.

Cette nouvelle activité est possible grâce à l'association, qui a financé avec l'aide d'entreprises, des panneaux solaires et des chauffe-eau solaires. Ces outils produisent quatre fois l'énergie consommée. Non seulement l'école n'a pas plus de dépenses en électricité, mais en plus, elle peut la revendre.

L'association a fait appel aux parents des élèves, agriculteurs et sans emploi, pour cultiver des terres. Depuis l'année dernière, des tomates, des piments doux, des oignons, des pommes de terre ou des petits pois alimentent la cantine du collège et ce qu'il reste est vendu.

Grâce à ces revenus, des clubs d'activités extrascolaires ont été lancés : robotique, entreprenariat, langues et civilisations étrangères, médias, chant... Dans un pays où une majorité de jeunes ont le projet d'émigrer, l'objectif de la direction de l'école est de réconcilier les enfants avec leur pays et leur faire découvrir les opportunités qu'il peut leur offrir.

Ainsi, Chahed, 14 ans, rêve de monter une entreprise touristique : « Les clubs dans lesquels je suis m'apportent énormément d'informations et me donnent confiance en moi. » Chaïma, 16 ans, explique également être « plus curieuse grâce aux clubs littérature et cinéma ; j'ai l'impression d'étudier en m'amusant. »

Le collège est devenu très populaire dans sa région et attire chaque année de plus en plus d'élèves.

Répondez aux questions.

1. L'article parle d'une école où les élèves participent à la production de l'électricité.   1 point
a. ☐ Vrai
b. ☐ Faux

2. Dans quel objectif est-ce que l'association a travaillé avec l'école ?   1,5 point
a. ☐ Pour proposer un transport quotidien aux élèves.
b. ☐ Pour loger les élèves dans le collège tous les soirs.
c. ☐ Pour montrer aux élèves le fonctionnement d'une association.

3. Le collège vend de l'électricité grâce à une production importante par les
panneaux solaires.   1 point
a. ☐ Vrai
b. ☐ Faux

4. Qu'est-ce que l'école fait de sa production de légumes ?   1,5 point
a. ☐ L'école distribue les légumes aux parents pour leur famille.
b. ☐ Les légumes sont d'abord utilisés à la cantine pour les élèves.
c. ☐ Les parents d'élèves vendent les légumes en priorité sur les marchés.

5. Comment les clubs sont-ils financés ?   1,5 point
a. ☐ Par les parents des élèves.
b. ☐ Par des dons d'entreprises.
c. ☐ Par la vente de légumes et d'électricité.

6. Qu'est-ce que l'école cherche à faire avec les clubs ?   1,5 point
a. ☐ Montrer aux élèves tout ce qu'il est possible de faire dans le pays.
b. ☐ Former les élèves pour participer aux concours organisés dans la capitale.
c. ☐ Transmettre aux élèves des connaissances nécessaires pour s'installer à l'étranger.

7. Chaïma est dans les clubs « littérature et cinéma » pour passer son temps
entre les cours.   1 point
a. ☐ Vrai
b. ☐ Faux

Production écrite

45 minutes | 25 points

Vous lisez cette annonce sur le site internet d'un magazine français :

Vous ne comprenez pas l'intérêt des devoirs ? Vous souhaitez proposer une autre méthode que les devoirs pour faire travailler les étudiants ? Envoyez-nous un article que nous publierons dans notre magazine dans lequel vous expliquez votre opinion et vos idées.

Vous adressez votre article à la rédaction du magazine. (160 mots minimum)

Production orale 10 à 15 minutes | 25 points |

10 minutes de préparation

Cette épreuve comporte 3 parties qui s'enchaînent.

Avant le début de l'épreuve, vous tirez au sort 2 sujets correspondant à la 3ᵉ partie (expression d'un point de vue). Vous en choisissez un et vous vous préparez ce sujet pendant 10 minutes.

Exercice 1 Entretien dirigé 2 à 3 minutes environ

Sans préparation

Vous parlez de vous, de vos activités, de vos centres d'intérêt. Vous parlez de votre passé, de votre présent et de vos projets.

L'épreuve se déroule sur le mode d'un entretien avec l'examinateur qui amorcera le dialogue par une question (exemples : « *Bonjour... pouvez-vous vous présenter, me parler de vous, de votre famille...? »*).

Exercice 2 Exercice en interaction 3 à 4 minutes environ

Sans préparation

Vous jouez le rôle qui vous est indiqué sur le document que vous avez choisi parmi les deux tirés au sort.

Le genre masculin est utilisé pour alléger les textes. Vous pouvez naturellement adapter la situation en adoptant le genre féminin.

Sujet 1 Vous êtes avec votre ami français dans un jardin public. Vous jouez au basket-ball depuis une heure et votre ami veut continuer. Vous n'en avez plus envie. Vous parlez avec votre ami pour le convaincre de faire une autre activité.

L'examinateur joue le rôle de votre ami.

Sujet 2 Vous êtes en stage dans un hôtel en France. Un client arrive pour un séjour d'une semaine. Il est accompagné d'un chien de petite taille. Malheureusement, l'hôtel dans lequel vous travaillez n'accepte pas les animaux. Vous parlez avec le client pour essayer de trouver une solution.

L'examinateur joue le rôle du client.

Sujet 3 Votre professeur de français vous a rendu un devoir. Vous avez reçu une mauvaise note. Vous êtes surpris car vous aviez beaucoup travaillé pour ce devoir. Vous décidez de parler à votre enseignant pour comprendre ce qui s'est passé et essayer de faire changer votre note.

L'examinateur joue le rôle de l'enseignant.

Sujet 4 Vous êtes en vacances avec votre famille à Cannes. Vous avez visité la ville avec un guide. Il vous montré des endroits intéressants (Palais des festivals, musée d'Art et d'Histoire, plages, etc.) mais il ne vous a pas donné beaucoup d'explications. Vous n'êtes pas très content du service. Vous décidez de parler à l'agence de tourisme pour demander un remboursement.

L'examinateur joue le rôle de l'employé de l'agence.

Exercice 3   Expression d'un point de vue   5 à 7 minutes environ

10 minutes de préparation

Vous dégagez le thème soulevé par le document que vous avez choisi parmi les 2 tirés au sort et vous présentez votre opinion sous la forme d'un exposé personnel de 3 minutes environ.
L'examinateur pourra vous poser quelques questions.

Document 1

Serait-il possible de remplacer les abeilles ?

Cela fait longtemps que nous savons que les abeilles sont menacées de disparition. Depuis plusieurs années, leur population baisse de façon alarmante à cause des produits chimiques utilisés dans l'agriculture. Sans elles, il serait difficile de se nourrir car les abeilles ne servent pas qu'à produire du miel ; elles sont à l'origine de la reproduction de nombreuses plantes.

Devant ce danger, des chercheurs japonais ont eu l'idée de créer des mini-drones* pour faire le même travail que les abeilles. L'expérience a été une réussite mais est-ce vraiment une bonne solution ? Pour l'instant, il est pratiquement impossible d'imaginer pouvoir remplacer la nature. Il faudrait des milliards de ces objets pour pouvoir garantir la reproduction de toutes les plantes. Cela ferait beaucoup de drones à construire et d'énergie à produire. Le plus urgent aujourd'hui n'est-il pas plutôt de sauver les abeilles ?

* drone : petit objet volant sans pilote, télécommandé

Document 2

À la récré, j'écris un roman !

Tous les lundis midi, au lieu d'aller jouer dans la cour, des collégiens se retrouvent pour écrire leur roman. Ils ont entre 13 et 15 ans et depuis plusieurs mois, ils écrivent avec deux professeurs de français. Le groupe se réunit, se met dans la peau des personnages de l'histoire, joue parfois les scènes pour mieux trouver les mots. Toutes les idées viennent des élèves, même les illustrations, qui sont réalisées par une des participantes, passionnée de dessin. L'exigence est forte car dans quelques mois, le livre sera publié et présenté dans un salon du livre devant de véritables écrivains ! Et toi ? Que penses-tu de ce projet ? Aimerais-tu en faire un semblable avec ta classe ?

ÉPREUVE INDIVIDUELLE

Document 3

Faire ses premiers pas dans la vie professionnelle

Depuis 2010, les jeunes de 16 à 25 ans ont la possibilité de faire une mission de service civique volontaire. Cette mission n'est pas un contrat de travail mais elle permet d'effectuer une activité d'une durée de six à douze mois dans divers secteurs professionnels. Le volontaire reçoit une aide financière. Adrien, 19 ans, raconte son expérience. « J'ai choisi de faire un service civique parce que j'avais envie de me rendre utile et d'aider les autres. Alors quand j'ai su que la brigade de pompiers cherchait un volontaire, j'ai tout de suite déposé ma candidature. » Adrien a ainsi passé dix mois avec les pompiers, tout en continuant ses études à l'université. Cela lui a demandé beaucoup d'organisation mais il est très satisfait de son engagement. « J'ai découvert un monde nouveau et j'étais très bien entouré. C'était vraiment une expérience très enrichissante. » De plus en plus de jeunes s'engagent dans le service civique. Certains hommes politiques voudraient même le rendre obligatoire. Une bonne idée ?

Document 4

Ne plus vivre en retard

Pour certaines personnes, arriver à l'heure est une mission difficile à accomplir. Pourquoi ? Est-ce un manque d'éducation ? Un problème de gestion du temps ? Un trait de personnalité ?

Une étude menée par un psychologue a démontré que nous avons du mal à nous rendre compte du temps nécessaire pour faire les choses et qu'en général, on le sous-estime de 40 %. Sans surprise, cela provoque des retards. Si on veut être sûr d'être à l'heure, il faut anticiper, s'organiser et planifier. Par exemple, si vous considérez que le matin, vous avez besoin de 10 minutes pour vous préparer alors qu'en réalité, il vous faut 5 minutes pour vous réveiller, 10 minutes pour prendre une douche, 10 minutes pour prendre le petit-déjeuner… vous risquez inévitablement d'arriver en retard. Alors si vous ne voulez pas faire attendre vos proches, une seule solution : organisez-vous !

COMMENT LA PRODUCTION ÉCRITE B1 EST ÉVALUÉE ?

Les correcteurs habilités sont dotés d'une grille pour évaluer l'exercice de production écrite.

Il y a 5 critères pour évaluer plusieurs compétences.

Compétence pragmatique : les correcteurs vérifient si le candidat est capable d'écrire un texte qui répond à la consigne ; ils vérifient également si le candidat peut exprimer son opinion et la justifier avec quelques exemples ; ils vérifient aussi si le candidat peut produire un texte clair et bien organisé avec des connecteurs adéquats ; la mise en page et la ponctuation doivent être utilisées à bon escient.

Compétence sociolinguistique : les correcteurs vérifient si le candidat peut adapter sa production au destinataire et à la situation décrite dans la consigne.

Compétence linguistique : les correcteurs vérifient si le candidat est capable d'utiliser une gamme étendue de vocabulaire en rapport avec des sujets familiers et des situations quotidiennes ; ils vérifient également si le candidat peut varier sa formulation avec, par exemple, des périphrases pour exprimer des idées ou des mots plus complexes ; ils vérifient enfin si le candidat maîtrise les structures syntaxiques et les formes grammaticales simples tout en faisant preuve d'une relative utilisation de structures complexes courantes.

Si la production du candidat ne respecte pas la consigne, s'il n'écrit pas suffisamment de mots ou s'il ne complète pas l'exercice, les correcteurs cochent une "anomalie" et suivent les instructions indiquées dans la grille.

Critères		Niveau de performance			
		Non répondu ou production insuffisante	En dessous du niveau ciblé	Au niveau ciblé	
				B1	B1+
Compétence pragmatique	Réalisation de la tâche	☐ 0	☐ 1	☐ 3	☐ 5
	Cohérence et cohésion	☐ 0	☐ 1	☐ 3	☐ 5
Compétence sociolinguistique	Adéquation sociolinguistique	☐ 0	☐ 1	☐ 3	☐ 5
Compétence linguistique	Lexique	☐ 0	☐ 1	☐ 3	☐ 5
	Morphosyntaxe	☐ 0	☐ 1	☐ 3	☐ 5

Anomalies

Si la production contient des anomalies, veuillez cocher la ou les cases correspondantes :

☐ Hors-sujet thématique : le candidat ne peut pas être identifié « B1+ » pour les critères « réalisation de la tâche » et « lexique ».

☐ Hors-sujet discursif : le candidat ne peut être identifié ni « B1 » ni « B1+ » pour les critères « réalisation de la tâche » et « cohérence et cohésion ».

☐ Hors-sujet complet (thématique et discursif) : attribuez la note 0 aux critères « réalisation de la tâche », « cohérence et cohésion » et « adéquation sociolinguistique ». Le candidat ne peut être identifié ni « B1 » ni « B1+ » pour les critères « lexique » et « morphosyntaxe ».

☐ Copie blanche : attribuez 0 à l'ensemble des critères de cet exercice.

☐ Manque de matière évaluable : si le candidat produit moins de 50 % du nombre de mots attendus (soit 79 mots ou moins), attribuez 0 à l'ensemble des critères de cet exercice.

COMMENT LA PRODUCTION ORALE B1 EST ÉVALUÉE ?

Les examinateurs habilités sont dotés d'une grille pour évaluer l'épreuve de production orale.

Il y a **6 critères** pour évaluer plusieurs compétences.

Compétences pragmatique et sociolinguistique : les examinateurs vérifient si le candidat peut se présenter clairement et s'il peut interagir en fournissant des détails sur ses expériences passées, ses activités, ses projets personnels et professionnels ; ils vérifient également si le candidat peut interagir dans des situations imprévues et s'il peut défendre son point de vue sur un problème en donnant des arguments convaincants ; ils vérifient aussi si le candidat peut s'exprimer dans un registre adapté à la situation ; enfin, ils vérifient si le candidat est capable de présenter une thématique en développant son opinion ainsi que ses préférences, avec des raisons et des explications simples pour justifier son avis.

Compétence linguistique : les examinateurs vérifient si le candidat est capable d'utiliser une gamme étendue de vocabulaire courant en rapport avec des sujets familiers ; ils vérifient également si le candidat peut utiliser des périphrases pour exprimer des idées ou des mots plus complexes et s'il peut varier sa formulation ; ils vérifient aussi si le candidat a acquis une prononciation, une intonation et une accentuation globalement correctes.

		Niveau de performance			
Critères		Non répondu ou production insuffisante	En dessous du niveau ciblé	Au niveau ciblé	
				B1	**B1+**
Compétences pragmatique et sociolinguistique	**Réalisation de la tâche : entretien dirigé** *(2 à 3 minutes)*	☐ 0	☐ 1	☐ 2,5	☐ 4
	Réalisation de la tâche : échange en interaction *(3 à 4 minutes)*	☐ 0	☐ 1	☐ 2,5	☐ 4
	Réalisation de la tâche : expression d'un point de vue *(5 à 7 minutes)*	☐ 0	☐ 1	☐ 2,5	☐ 4
Compétence linguistique *(pour les trois parties de l'épreuve)*	**Lexique**	☐ 0	☐ 1	☐ 3	☐ 5
	Morphosyntaxe	☐ 0	☐ 1	☐ 2,5	☐ 4
	Maîtrise du système phonologique	☐ 0	☐ 1	☐ 2,5	☐ 4

TRANSCRIPTIONS

SE PRÉPARER

Activité 1, p. 12 PISTE 2

Dialogue 1

– Bonjour, pourriez-vous me dire où se trouve la gare routière, s'il vous plaît ?

– Bien sûr. C'est au bout de cette rue, à droite. Vous verrez, il y a un panneau devant l'entrée.

– Merci, bonne journée !

Dialogue 2

– Salut Adrien, qu'est-ce que tu fais ce week-end ?

– Je ne sais pas trop. Je vais peut-être aller au cinéma. Ça te dirait de venir avec moi ?

– Oui, c'est une bonne idée ! Ça fait longtemps que je n'ai pas vu de film au cinéma.

Dialogue 3

– Monsieur ? Est-ce que vous pourriez me redonner la liste des livres à lire pendant les vacances scolaires ?

– Oui, si tu as une adresse e-mail, je te l'envoie.

– Merci ! Mon adresse, c'est sidonie.ruet@lyceedescartes.fr.

Dialogue 4

– Bonjour, je m'appelle Amine. Je suis le nouveau stagiaire, je travaille à l'accueil.

– Bonjour Amine, enchantée. Moi, c'est Charlotte, je travaille au service de la communication.

– Enchanté Charlotte !

Dialogue 5

– Madame Mercier ? Pourriez-vous m'expliquer comment on envoie une lettre recommandée, s'il vous plaît ? C'est pour le directeur.

– Bien sûr, c'est très facile. Venez avec moi.

– Merci !

Dialogue 6

– À partir de la semaine prochaine, nous commençons la présentation de vos exposés. C'est Sara et Julien qui commencent. De quoi allez-vous parler déjà, Julien ?

– De la cuisine végétarienne en France.

– Très intéressant. Toute la classe a hâte de vous écouter !

Dialogue 7

– Bonjour madame Louarn, je suis Louise, l'amie de Noé. Je suis venue lui rapporter les rollers qu'il a laissés à la maison l'autre jour.

– C'est gentil Louise, merci ! Je vais chercher Noé, entre.

– Merci !

Dialogue 8

– Bonjour, je crois que j'ai laissé mon agenda chez vous l'autre jour. Je suis venu dîner dans votre restaurant avec ma famille avant-hier soir.

– Un agenda ? Ça me dit quelque chose. Venez, on va aller regarder ensemble.

– Merci !

Activité 2, p. 12 PISTE 3

Dialogue 1

– Salut Mathieu, ça va ?

– Oui et toi ? Tes parents vont bien ? Ça fait longtemps que je n'ai pas vu mon oncle et ma tante.

– Oui, c'est vrai. Mais tu vas bientôt les voir car ils arrivent demain. Dis, est-ce que tu es libre le 15 février ? On aimerait organiser une fête de famille pour les 18 ans de Sophie.

– Le 15 février ? C'est dans longtemps, je ne sais pas encore.

– Ben, tu sais, comme on est nombreux, je préfère m'y prendre à l'avance.

– C'est sûr qu'il vaut mieux s'organiser ! Je peux te confirmer ça dans quelques jours ?

– Oui, oui. Pas de souci !

Dialogue 2

– Florentine, t'as pas vu mon pull bleu ?

– Non, pas du tout. Tu l'as laissé où la dernière fois ?

– Ben, c'est ça le problème. Je ne m'en souviens plus.

– Maman l'a peut-être mis à laver.

– Non, je ne pense pas. Il était propre.

– Dans ce cas, il est sûrement dans ton armoire, mais avec tout le désordre qu'il y a dedans, tu ne l'as peut-être pas vu.

– Tu exagères quand même ! Je trouve que c'est bien rangé, moi.

– Si tu le dis… Bon, écoute, tu veux que je t'aide à chercher ?

– Oui, je veux bien, merci. J'ai absolument besoin de porter ce pull aujourd'hui.

– Ah oui ? Tu as un rendez-vous ?

– Ah ça, ça ne te regarde pas.

Dialogue 3

– Salut Aurélie, ça va ?

– Oui, et toi ? Je suis contente de te voir. Ça fait longtemps ! Tu n'as pas changé !

– Toi non plus, t'es en pleine forme. On ne s'est pas vues depuis quand ? Deux ans ?

– Oui, ça doit être ça. La dernière fois, c'était au repas de classe. On venait de terminer les examens de fin d'année.

– Ah oui, c'est vrai ! C'était juste avant mon départ en Angleterre.

– Exactement ! D'ailleurs, tu te souviens de la prof d'anglais, Mme Dubois ?

– Évidemment !

– Tu sais qu'elle est partie à la retraite juste après notre année scolaire. Eh bien, elle vit aux États-Unis maintenant. J'ai eu de ses nouvelles par son fils.

– C'est super ! Je suis vraiment contente pour elle. Elle rêvait d'habiter là-bas.

Dialogue 4

– Bonjour monsieur Rossi, vous allez bien ?

– Oui, très bien. Et toi, Paul ? Ça va ?

– Oui, merci, tout va bien, même si j'étudie beaucoup pour les examens.

– C'est bien, je suis sûr que tu vas réussir. Dis-moi, tes parents sont là en ce moment ? Je ne vois plus leur voiture sur le parking de l'immeuble.

– Ils sont là mais on a changé de voiture.

– Ah, c'est pour ça ! Tu pourras leur dire qu'il faudra que je passe les voir pour organiser la prochaine réunion des copropriétaires ?

– Pas de souci, je leur transmets le message.

– Merci Paul ! Allez, je dois partir. Bonne journée ! Et bon courage pour tes examens !

– Merci monsieur Rossi ! Bonne journée !

Activité 3, p. 13 `PISTE 4`

– Salut Bérénice !

– Salut Haydée, ça va ?

– Oui, j'ai hâte d'être en vacances, pas toi ?

– Si ! D'ailleurs, tu as quelque chose de prévu pour cet été ?

– Oui, en juillet, je travaille. Mais, au mois d'août je ne sais pas encore ce que je fais.

– Moi non plus, mais j'aimerais faire un voyage à vélo. Ça te dirait de venir avec moi ?

– Des vacances à vélo ? Génial ! J'adorerais ça ! Mais où ? On pourrait aller en Corse par exemple !

– En Corse ? Non, ça fait trop loin. On n'y arrivera jamais. Je pensais aller en Bretagne.

– Hum… J'y suis déjà allée l'an dernier, j'aimerais mieux découvrir une autre région.

– Dans ce cas, on pourrait faire un voyage le long de la Loire, c'est très beau apparemment.

– La Loire à vélo, c'est une très bonne idée ! C'est un fleuve sauvage, la nature est protégée et il y a beaucoup d'animaux à voir.

– Oui et on pourrait en profiter pour visiter les châteaux et les jardins qui se trouvent le long du fleuve.

– Oui ! Tu crois que ça coûterait cher ?

– Hum…. Je pense qu'avec le camping, les repas et les visites, il faudrait prévoir 40 euros par jour environ. Si on part 10 jours, ça irait pour toi ?

– Oui, ça devrait aller. N'oublie pas que je travaille au mois de juillet !

Activité 4, p. 14 `PISTE 5`

– Tu rentres tard, qu'est-ce qui s'est passé ?

– J'ai perdu un temps fou à la sortie de la ville ce matin. Il y avait beaucoup de circulation aujourd'hui.

– Mais, tu as pu laisser Victor à son cours de canoë ?

– Oui, mais ça a été très compliqué car lorsque nous sommes arrivés au lieu de rendez-vous, il n'y avait plus personne. Tout le groupe était déjà parti.

– Tu n'as pas appelé son entraîneur, Christian ?

– Non, je n'avais pas son numéro.

– Tu aurais dû m'appeler, je l'avais moi.

– Tu as raison, mais sur le moment, je n'y ai pas pensé.

– Et alors, comment avez-vous fait ?

– Eh bien, je suis allée à l'accueil de l'école et une personne m'a indiqué où retrouver le groupe et nous y sommes allés. On a attendu un peu mais on a fini par les retrouver. Victor a perdu une demi-heure de cours.

– Ce n'est pas si grave. C'est déjà bien qu'il ait pu y aller. Et pour le retour ce soir ?

– Je me suis mise d'accord avec la mère de François. Elle ramène Victor après le cours.

– Super ! Samedi prochain, c'est moi qui m'en occuperai. Allez, viens, on va déjeuner. Tout est prêt.

Activité 5, p. 15 `PISTE 6`

Dialogue 1

– Tu ne trouves pas que le train roule plus lentement depuis quelques jours ?

– Tiens, oui, c'est vrai. Avant, on mettait seulement 10 minutes pour arriver à Bordeaux.

Dialogue 2

– Il fait trop froid pour prendre une glace.

– Non, je ne trouve pas. Il n'y a pas de saison pour les glaces !

Dialogue 3

– Toi, tu as toujours adoré chanter. D'ailleurs, tu ne ratais jamais ton cours de chant.

– Pas du tout ! J'ai toujours détesté ça. C'est ma mère qui voulait que je chante.

Dialogue 4

– On devrait interdire les téléphones en classe, ça gêne le cours.

– Je suis tout à fait de ton avis. J'en ai marre d'entendre toutes ces sonneries pendant que les profs parlent.

Dialogue 5

– Je viens de commander un livre sur Internet. Il sera livré ce soir. C'est rapide !

– Effectivement ! Je dirais même que c'est incroyable.

Dialogue 6

– Papa, ça te va si on mange plus tôt ce soir ? Je dois retrouver Bastien pour réviser avec lui.

– Ça marche ! Vers 19 h, c'est bon pour toi ?

– Oui, c'est parfait !

Activité 6, p. 16 `PISTE 7`

– Salut Juliette, ça va ?

– Salut Béatrice. Non, pas trop. Je suis un peu nerveuse, ça fait trois jours que je dors mal. Dimanche, je participe à un tournoi de tennis de table et ça me stresse énormément.

– Pourtant, depuis le temps que tu joues, tu devrais avoir l'habitude !

– Peut-être, mais là, c'est un tournoi national. C'est la première fois que je joue à ce niveau, je sais que je vais perdre dès le premier tour.

– Mais, non. Essaie de te détendre, je suis sûre que tu es prête. Si tu as été sélectionnée, c'est que tu as le niveau pour y arriver.

– Comment tu fais, toi, avant tes matchs de volley ?

– À mon avis, le plus important, c'est de bien dormir la veille. Si tu arrives fatiguée au tournoi, ça va être très difficile pour toi.

– Oui, ça je le sais. Mais justement, je n'arrive pas à dormir.

– Écoute de la musique douce avant de te coucher, ça peut t'aider à oublier un peu la compétition.

– Ah non, j'ai horreur de m'endormir avec de la musique.

– Moi, ça m'aide en revanche. Une autre chose à te conseiller : évite de trop jouer avant la compétition. Si j'étais toi, je ne m'entraînerais pas samedi.

– C'est une bonne idée, ça. Et pour le jour du tournoi, tu as des conseils particuliers ?

– Sois concentrée, mais détendue. Essaie de profiter de la journée. L'important, c'est quand même de s'amuser.

– C'est vrai ce que tu dis ! Merci Béatrice.

– Et, au fait, je peux venir te voir ?

– Bien sûr ! Si tu as envie, ce serait cool ! Ça va peut-être me rassurer de savoir que tu es là.

– Alors, c'est réglé. Dimanche, je viendrai. Et je vais même proposer à mon frère de venir !

– Génial !

Activité 7, p. 18 `PISTE 8`

Document 1

– Madame, Monsieur. Votre attention, s'il vous plaît. Le TGV numéro 8742, en provenance de Montpellier Saint-Roch, arrivée initialement prévue à 12 h 45, arrivera avec un retard de 15 minutes environ. Merci de votre compréhension.

Document 2

– Il est l'heure maintenant d'accueillir dans cette émission, Philippe Dutertre et sa rubrique hebdomadaire. Alors, aujourd'hui, Philippe, vous nous parlez des athlètes ou, plutôt, du sens des courses à pied.

– Oui, Pascal, vous avez déjà suivi une course d'athlétisme. À l'exception du 100 m qui se court en ligne droite, dans les 200 m, 400 m, 800 m, puis le demi-fond : les virages se prennent tout le temps dans le même sens. Quand vous êtes dans les tribunes du stade, les coureurs passent de gauche à droite devant vous.

– C'est vrai ce que vous dites Philippe, mais pour quelle raison courent-ils dans le sens des aiguilles d'une montre ?

– Eh bien, c'est une convention qui remonte aux premiers Jeux olympiques de l'ère moderne…

Document 3

Bonjour. Je vous remercie beaucoup d'être venus si nombreux aujourd'hui pour cette heure et demie de discussion et d'échanges. C'est un défi pour moi que celui de vous présenter un thème qui n'est pas très connu en France, en une heure seulement. J'espère que je serai suffisamment claire pour que les 30 minutes d'échanges que nous avons après la conférence permettent de répondre précisément à vos questions…

Document 4

Bonjour à tous chers auditeurs et bienvenue au jeu Culture Express ! Aujourd'hui, nous sommes en direct de Perpignan et nous recevons deux candidats : Bastien et Léa, tous deux lycéens en terminale littéraire. Bonjour à vous deux. Vous êtes venus tenter de gagner un dictionnaire multilingue en répondant à six questions de culture générale. Je vous souhaite bonne chance ! Nous commençons par la première question…

Document 5

– Tiens ! Salut Damien, ça va ?

– Salut Lucie. Bien, et toi ?

– Ça va. Je vais à la bibliothèque, il faut que je termine mon exposé d'histoire sur le féminisme. J'ai encore pas mal de choses à revoir. Et toi, qu'est-ce que tu fais ?

– Eh bien, c'est un grand jour. Je vais rejoindre ma mère pour m'inscrire à l'auto-école ! J'ai hâte d'avoir le permis !

– T'as de la chance, moi, je dois encore attendre un an pour m'inscrire. Et en plus, il va falloir que je mette de l'argent de côté pour payer la formation…

Document 6

Chers clients, votre magasin est heureux de vous accueillir aujourd'hui. Pour faciliter vos achats, nous vous invitons à utiliser notre site de commande en ligne, ouvert 7 jours sur 7, 24 heures sur 24. Notre personnel se tient à votre disposition pour tout renseignement.

Activité 8, p. 18 `PISTE 9`

Document 1

Chers auditeurs, bonsoir. Ce soir, notre débat nous amène à nous interroger sur une question d'actualité : comment faire revivre les petites villes et les villes moyennes ? On en parle ce soir car ce sujet concerne entre le tiers et la moitié des Français : ceux qui ne vivent ni dans les grandes métropoles, ni à la campagne, et ceux qui vivent dans des villes dans lesquelles la plupart des commerces ont fermé… Pour en parler avec nous, nous recevons l'association « Ville active » qui a pour mission d'aider les commerçants à faire progresser leur activité et le maire de la ville d'Excideuil…

Document 2

– Mon invité ce matin est philosophe, il a écrit un essai passionnant sur le cerveau. Bonjour François Mourgeois !

– Bonjour !

– Et bienvenue sur notre radio. Alors, dans votre livre, vous défendez une thèse très forte sur notre liberté. Imaginons, c'est le matin, j'ouvre le frigo. Catastrophe ! Je n'ai plus de lait. Alors, je descends au supermarché d'en bas. J'hésite. Quel lait acheter ? Suis-je libre de mon choix ?

– Oui, on est absolument libre. Nous sommes libres car nous faisons un choix en fonction de nos connaissances, de nos pensées. C'est la publicité, le prix ou la qualité…

Document 3

Les carafes d'eau filtrantes, censées améliorer la qualité de l'eau potable du robinet, ne seraient pas très utiles, selon un rapport, publié mardi 14 mars, par l'ANSES, l'Agence nationale de sécurité sanitaire de l'alimentation. Les carafes filtrantes pour « épurer » l'eau du robinet sont utilisées par 20 % des foyers français. Cela représente près d'un million d'appareils vendus chaque année et 15 millions de cartouches.

Selon l'étude de l'ANSES, la qualité de ces carafes dépend de l'utilisation que l'on en fait à la maison. Pour en obtenir des bénéfices, il faut bien nettoyer ces carafes. Il faut changer les cartouches tous les mois, conserver l'eau au réfrigérateur et la consommer dans les 48 heures au plus tard.

Tout cela remet en question l'utilité de l'appareil car lorsqu'on laisse reposer de l'eau du robinet dans un pichet classique, sa qualité est déjà bien améliorée.

Document 4

– Ka ? Ki ! Ka ? Ki ! Ka ? Kiiiii !

– Mais Mimi, à qui tu dis Ki ?

– Ben ! Au kaki ! C'est le kaki ! Il faut lui dire oui, au kaki.

– Ah ! Le kaki !

– Ouiii !

– Ka-ki ! Ka-ki ! Ka-ki !

Le kaki ? Ça te donne de l'énergie. Le kaki, le fruit à qui on dit oui !

Document 5

De la Bretagne et des Pays de la Loire jusqu'aux frontières du Nord, la matinée sera grise. De nombreux nuages bas, parfois doublés de brouillard, couvriront le ciel. Au sud de la Loire et près des frontières du Nord, on appréciera le retour de larges éclaircies l'après-midi. L'après-midi, de la Bretagne à la région parisienne et à la Normandie, les nuages resteront plus compacts, laissant juste apparaître quelques coins de ciel bleu.

Sur le sud de l'Aquitaine et de Midi-Pyrénées, les nuages bas ou brouillards seront nombreux en début de journée. Ailleurs, le soleil s'imposera rapidement en matinée. L'après-midi, le beau temps s'installera partout dans une ambiance printanière.

Le vent atteindra 60 km/h le matin en vallée du Rhône puis se calmera.

Il fera encore un peu frais le matin du Nord-Est au Massif central, avec 1 à 3 degrés et de petites gelées. Il fera 3 à 8 degrés ailleurs, 8 à 11 sur les côtes méditerranéennes. Les températures maximales afficheront 16 à 22 sur la moitié sud, 13 à 18 sur la moitié nord.

Document 6

– Il est 10 h, on retrouve François Guyon pour le journal.

– Bonjour. Une violente tempête de neige s'est abattue ce mardi sur le nord-est des États-Unis, provoquant la fermeture des écoles et des moyens de transport à New York ainsi que l'annulation de milliers de vols. Par précaution, l'état d'urgence est décrété.

Dans la Ligue des champions, Leicester a réussi à renverser Séville pour finalement s'imposer 2-0 à domicile lors du match retour. Les Foxes se qualifient du même coup en quart de finale de la Ligue des champions pour la première fois de leur histoire. Dans le même temps, la Juventus n'a pas tremblé en s'imposant 1-0 face à Porto après une première victoire 2-0 lors du match aller.

A 49 ans, le réalisateur français Guillaume Canet signe son nouveau long métrage qui sort ce mercredi : *Astérix et Obélix : L'Empire du Milieu*. Une nouvelle adaptation de la bande dessinée avec de nombreuses célébrités, de Vincent Cassel à Marion Cotillard, où nous suivons les deux Gaulois en Chine.

Activité 9, p. 19 PISTE 10

Document 1

– D'où viennent les allergies alimentaires ? Peut-on les combattre ? Nous recevons aujourd'hui le professeur Melbaux pour en parler. Professeur, bonjour !

– Bonjour !

– Vous êtes spécialiste des allergies alimentaires. Pouvez-vous nous dire comment une allergie se développe ?

– Les études montrent qu'on ne naît pas vraiment avec une allergie mais qu'elle peut se développer très tôt. On pense même que vers l'âge de 6 ou 7 mois, un bébé est déjà sensible à certains aliments et que son allergie est déjà présente.

– Est-il possible pour un adulte de devenir allergique à quelque chose ?

– Oui, tout à fait. Il existe des adultes qui deviennent allergiques alors qu'ils ne souffraient de rien lorsqu'ils étaient enfants. Certaines allergies apparaissent, d'autres parfois disparaissent. C'est un phénomène qui ne s'explique pas encore très bien.

– Et pourquoi les allergies ne touchent-elles pas tout le monde ?

– On pense que ce sont les gènes, le patrimoine génétique, qui expliquent la présence ou non d'une allergie.

– Et y a-t-il des aliments qui causent particulièrement plus d'allergies que d'autres ?

– Tout à fait. Il y a des aliments qui provoquent beaucoup d'allergies comme par exemple la cacahuète, le lait ou l'œuf. Mais là encore, on ne sait pas encore pourquoi certains aliments provoquent plus d'allergies que d'autres.

– On dit que les allergies concernent de plus en plus d'enfants. Vous savez comment les écoles font pour recevoir des enfants qui souffrent d'allergies ?

– C'est une bonne question. Aujourd'hui, en effet, les écoles doivent faire très attention. Elles doivent proposer des menus avec des options variées pour que les enfants aient plus de choix et elles doivent savoir agir si jamais il y a un problème.

– Merci professeur Melbaux pour vos explications.

Document 2

– C'est l'heure d'accueillir notre invité François-Afif Benthanane, fondateur de l'association ZupdeCo. L'association ZupdeCo agit pour la réussite scolaire en mettant en relation des étudiants bénévoles avec des collégiens en difficulté qu'ils sont chargés d'aider. Monsieur Benthanane, d'après vous, il faut supprimer les devoirs à la maison ?

– Oui, car pour réussir à faire ses devoirs, un élève doit être autonome. Un adolescent sera bien plus autonome s'il fait ses devoirs dans une salle d'école avec un accompagnement adapté à ses difficultés que dans une chambre avec des frères et sœurs, dans laquelle il n'aura pas les conditions nécessaires à sa réussite. Beaucoup de parents n'ont ni le temps ni les moyens d'accompagner leurs enfants dans ce temps scolaire.

– Mais ce n'est pas leur rôle ? Pourquoi ne pas associer parents et devoirs ?

– Ce n'est, en théorie, absolument pas leur rôle. Ils n'ont pas la formation pour assumer une telle mission. Mais en pratique, un enfant a spontanément besoin de demander de l'aide à un adulte. Le problème, c'est que cela crée de grandes tensions dans les familles et augmente les inégalités. Si les devoirs étaient faits à l'école, les parents se sentiraient moins coupables et tous les élèves seraient aidés de la même manière.

Document 3

– Bonjour ! Ravie de vous retrouver dans notre émission ! Comme beaucoup de Français, je ne parle qu'une seule langue. Peu de personnes en France sont capables de parler deux langues et lorsqu'on apprend une langue étrangère à l'âge adulte, c'est très long, très compliqué. Dans ces circonstances, il n'est pas étonnant qu'on soit impressionné par la facilité des bilingues à passer d'une langue à l'autre. Ce matin, nous nous intéressons aux avantages du bilinguisme chez les enfants. Quels sont les avantages pour le cerveau ? Le bilinguisme favorise-t-il l'échec ou la réussite à l'école ? Pour en parler ce matin, je reçois une psychologue, Marlène Oliva, spécialiste du langage et du bilinguisme. Alors, Marlène Oliva, qu'est-ce que le bilinguisme ?

– Disons qu'il y a plusieurs définitions, mais ce qu'on entend en général par bilinguisme, c'est la possibilité d'utiliser de façon quotidienne les deux langues. Mais, attention, cela ne signifie pas qu'on maîtrise parfaitement les deux langues.

– Si j'ai bien compris, d'après vous, le fait d'apprendre une ou plusieurs langues étrangères favorise le développement du cerveau dès le plus jeune âge.

– Oui, tout à fait. Les enfants bilingues, qui sont bilingues dans la famille ou dans la société, développent des capacités cognitives particulières…

Document 4

– Vous avez sûrement tous des souvenirs difficiles des dictées que vous faisiez enfant en classe. L'orthographe est le cauchemar de nombreux enfants… et adultes ! Aujourd'hui, nous recevons Julie et Céline. Elles sont collégiennes. Elles interrogent notre spécialiste de la langue française, Jean-Louis Morel.

– Je ne comprends pas à quoi ça sert, l'orthographe. Il n'est pas possible d'écrire les mots comme on veut ?

– Ah, ah, ah, non, bien sûr qu'on ne peut pas écrire les mots comme on veut. Il faut des règles pour se comprendre car si chaque personne écrit comme bon lui semble, on ne peut communiquer.

– J'ai une copine qui dit que la langue française était plus facile avant.

– Non, ce n'est pas vrai. La langue française n'était pas plus facile avant. Mais je dirais même que la langue française n'est pas si difficile, c'est vrai qu'il y a beaucoup d'exceptions. Mais par rapport à d'autres langues, elle n'est pas si compliquée. D'ailleurs, de plus en plus de personnes viennent s'inscrire dans les écoles de langue pour l'apprendre. Sans parler des écrivains étrangers qui choisissent d'écrire en français.

– Pourquoi le mot « temps » prend un « s » au singulier ? C'est bizarre.

– Oui, tu as raison, c'est bizarre. Ça fait justement partie des exceptions.

– Et oui, l'orthographe, ça s'apprend aussi par cœur, sans chercher à comprendre pourquoi ! Merci beaucoup Jean-Louis Morel pour vos explications.

Activité 10, p. 19 `PISTE 11`

– Quand on voit ça en tant que spectateur, on trouve ça très étonnant. Dans la classe d'Élodie Paget, le cours commence, pratiquement tout seul. Pas besoin de donner de consignes, les collégiens sortent leurs stylos, cahiers et livres, et se mettent tranquillement à travailler, en groupes de quatre ou cinq élèves. Sans perdre de temps, ils discutent des exercices qu'ils doivent faire en classe. Leur enseignante, Élodie Paget, observe.

– Je me tiens à l'écart. S'ils me demandent de l'aide ou si je vois qu'ils se trompent, évidemment j'interviens.

– En fait, vous pourriez sortir de la classe sans qu'ils ne s'en aperçoivent !

– Oui, tout à fait. Certains élèves n'ont pratiquement pas besoin de moi.

– Avec le principe de la classe inversée, c'est la révolution. Plus de cours en classe et de devoirs à la maison. Désormais, le cours se fait à la maison, à partir d'une vidéo réalisée par le professeur. Le temps passé en classe sert aux exercices, qui sont souvent effectués en petits groupes.

– Je trouve que c'est plus formateur pour les élèves. Ils cherchent par eux-mêmes et progressent plus. De plus, quand on est en classe traditionnelle, ce sont souvent les mêmes élèves qui donnent les réponses. Les autres ne suivent pas ou prennent des notes sans chercher à comprendre. Et le jour du contrôle, ils ne savent pas faire les exercices. La participation en classe me semble plus juste.

– D'après Élodie Paget, la préparation des cours lui prend beaucoup plus de temps chaque semaine. Il faut préparer les vidéos, mais elle n'a aucun regret.

– Vous savez, cela fait douze ans que j'enseigne et depuis que j'ai testé la classe inversée, je n'ai plus jamais eu de problème de discipline ou d'attention.

– De plus en plus d'enseignants, séduits par cette façon de travailler, se sont lancés dans la pédagogie inversée. Tous notent que le niveau sonore en classe est meilleur et que les enfants sont plus intéressés par leur travail.

Activité 11, p. 20 `PISTE 12`

Les vacances sont terminées. Pour tout souvenir de l'océan, vous avez conservé un coquillage ramassé sur la plage, un gros coquillage en forme de savonnette design. Chez vous, dans votre salon, vous approchez votre oreille de l'objet, et là : miracle… vous n'entendez plus la rue en bas, mais le bruit calme et reposant des vagues sur la plage. Comment est-ce possible ? Comment le coquillage peut-il garder en conserve le souffle de son lieu d'origine ?

En fait, il ne le conserve pas. Ni celui-ci, ni aucun autre. Le coquillage, à condition d'avoir une ouverture suffisamment grande, se comporte comme une caisse de résonance. Sa cavité en forme de spirale est remplie d'air, évidemment. Or, le son n'est rien d'autre que de l'air en mouvement. Les déplacements d'air, autrement dit les sons, près de l'entrée du coquillage, vont faire vibrer l'air à l'intérieur et créer des ondes. En fonction de la forme et des dimensions de l'objet, le son sera renforcé à certaines fréquences. Comment le décrire ? Disons une sorte de souffle grave. Les ingénieurs du son appellent « bruit blanc » le son produit quand toutes les fréquences sont représentées. Il y a encore mieux : le « bruit rose », qui ne favorise pas les sons aigus. Et c'est ce « bruit rose », qu'on entend dans un coquillage. Il s'apparente aussi bien au vent qu'au murmure d'un torrent ou d'une cascade. Mais nous préférons y reconnaître la respiration de la mer.

Voilà pourquoi autrefois lorsque les chaînes de télévision arrêtaient leurs programmes le soir, beaucoup de personnes s'endormaient avec la télévision allumée. Pour entendre… le bruit de la mer ! Jusqu'à preuve du contraire…

Activité 12, p. 21 PISTE 13

– Murielle Bordes accueille ses élèves de section internationale. Aujourd'hui, c'est un jour particulier puisque la classe reçoit un auteur français. Il vient parler de son livre, mais pas seulement. En effet, ces lycéens de classe de seconde vont réaliser une traduction de son livre pour des chercheurs d'une université irlandaise. Ce projet intéresse beaucoup ses élèves.

– Ce qui est essentiel pour faire travailler les élèves, c'est de leur expliquer pourquoi, pour quelle raison ils font les choses. La notion de projet est fondamentale. Et dans ce cas, le fait de rencontrer un auteur, de discuter avec lui, de travailler avec lui, c'est un beau défi pour eux.

– Je trouve que les cours sont plus intéressants. Je suis captivé et ce type de projet me donne vraiment envie d'étudier. Je m'ennuie un peu plus dans les cours classiques.

– La prof est tout le temps à la recherche de nouvelles idées, elle est très passionnée par ce qu'elle fait. Cette année, j'adore l'anglais, c'est la première fois alors que j'ai cette matière depuis six ans !

– Murielle Bordes veut transmettre ses outils pédagogiques innovants. Alexandra Robert est professeure d'anglais, elle aussi. Pour découvrir de nouvelles méthodes, elle est venue observer le travail de sa collègue.

– Moi, j'enseigne dans un établissement difficile et j'ai surtout des élèves qui détestent les langues étrangères. Quand je vois des élèves comme ici qui travaillent seuls, en autonomie, ça me fait rêver ! J'aimerais bien arriver à ce résultat avec mes élèves.

– Murielle Bordes se rend souvent sur un site international d'échange entre professeurs. C'est un outil très utile pour améliorer sa pratique professionnelle.

– À chaque fois que j'y vais, je vois que les gens ont plein d'idées, je remarque des activités qui me plaisent. Je trouve aussi des choses que je n'aurais pas pu faire moi-même, comme des jeux dont la fabrication aurait pris beaucoup de temps. Et c'est intéressant d'utiliser ça dans sa classe alors que je n'y aurais pas pensé moi-même.

– Internet, un outil incontournable pour motiver ses élèves. Ce jour-là, elle organise une rencontre à distance avec une auteure britannique. Celle-ci apprécie également les méthodes de cette enseignante.

– Ses élèves sont plein d'enthousiasme, je trouve ça merveilleux !

Activité 13, p. 22 PISTE 14

– Je ne sais pas si vous êtes au courant, mais cette année, c'est l'année de l'olympisme à l'école et à l'université. Alors, c'est l'occasion pour nous de parler du sport à l'école. Du sport ! Que dis-je ? De l'EPS, l'éducation physique et sportive ! Le sport dans la société, c'est à la fois la compétition, souvent spectaculaire, et aussi bien sûr un loisir. Un loisir parfois en lien avec la compétition et le jeu ou bien une pratique associée au bien-être du corps, à la santé. À l'école, c'est une discipline. Comment on passe du sport à la discipline ? Pour en parler avec nous, je reçois Claude Parnoux. Claude Parnoux, bonjour !

– Bonjour !

– Vous êtes enseignant de sport et vous êtes aussi passionné d'histoire. Vous avez écrit un livre sur l'histoire de l'éducation sportive en France. C'est bien ça ?

– Oui, tout à fait !

– Alors parlons un peu de l'EPS. Quel est le rôle de cette discipline et surtout, quelle est son histoire ? Avant, dans les années soixante, on faisait plus de la gymnastique que de l'EPS, n'est-ce pas ?

– Oui, mais vous savez, encore aujourd'hui, on confond gymnastique, sport et éducation sportive et physique. Dans la tête des gens, tout se mélange. On entend souvent dire « hier, j'avais gym, j'ai pris mon sac de sport, j'ai eu une bonne note à l'EPS. » Si tout cela est confus, c'est à cause de l'histoire de l'introduction de cette matière. Autrefois, cette discipline était mal acceptée à l'école. On n'y accordait pas beaucoup d'importance et jusque dans les années soixante-dix, on faisait seulement de la gymnastique à l'école. Et puis, petit à petit, on a décidé d'introduire d'autres sports, d'autres disciplines comme l'athlétisme, la natation ou les sports collectifs.

– Heureusement que les choses ont beaucoup changé car aujourd'hui, l'EPS est une opportunité pour de nombreux jeunes de découvrir toutes sortes de sports différents. Aujourd'hui, on pratique le base-ball, la course d'orientation, la voile…

Activité 14, p. 23 PISTE 15

– On accueille Lucile Favre. Bonjour Lucile.

– Bonjour Jean-Pierre Laurent.

– Lucile Favre, vous êtes belge, vous êtes journaliste, vous vivez en Belgique et vous avez réalisé un reportage sur les étrangers qui ont choisi de s'installer en Belgique. Vous vous êtes intéressée plus particulièrement à la formation en Belgique. Le bilan est plutôt positif, n'est-ce pas ?

– Oui, effectivement, les personnes interrogées ont fait beaucoup de compliments. Elles trouvent que les étrangers sont bien accueillis en classe, que l'enseignement est bon. Le nombre d'heures est peut-être moins élevé qu'ailleurs mais l'apprentissage semble efficace. Certains notent quelques différences, comme par exemple Nadine Fournier, une Française qui a suivi son mari en Belgique et qui travaille tous les midis comme serveuse dans un restaurant.

– Je suis très heureuse. Mes deux garçons sont très contents. Celui de 14 ans est ravi, il s'est fait des amis très rapidement, et le plus jeune, il adore ! Ce qu'il aime le plus, c'est aller à l'école tout seul. Apparemment, c'est très courant dans le village où on habite. En plus, il a des activités qu'il n'avait pas l'habitude d'avoir à l'école avant, comme aller à la piscine et aussi à la patinoire.

– Vous voyez, beaucoup de satisfaction. La seule critique que j'ai souvent entendue, c'est l'apprentissage de l'anglais. Beaucoup trouvent qu'il n'y a pas assez d'heures accordées à cette discipline.

– Certains trouvent que les établissements scolaires sont proches du domicile.

– Oui, Jean-Pierre. C'est pour ça que certains enfants se rendent à l'école à pied, comme on vient de l'entendre.

Dans certaines villes, il existe même un système de vélo-bus scolaire. Une espèce de bus à pédales passe devant les maisons des enfants et les amène à l'école. C'est surprenant, comme l'explique cette mère espagnole, Elena Moneo, employée dans une ludothèque.

– D'abord, j'ai eu un peu peur car c'est bizarre de voir son enfant partir dans un bus à pédales. Mais après, j'ai vite compris que c'était une très bonne idée. Ma fille s'amuse beaucoup et c'est un mode de déplacement très sûr et sportif.

– Bon, au final, l'école en Belgique, c'est plutôt bien ! Merci Lucile, à demain !

Activité 15, p. 25 `PISTE 16`

– Quand on entre en classe, il faut éteindre son téléphone portable, c'est la règle depuis longtemps. Pourtant, cela suscite quelques discussions, on l'a vu récemment dans les journaux. Aujourd'hui, pour en parler, nous recevons Jean-Philippe Martin, proviseur, et trois collégiens, Manon, Emma et Lorenzo. On commence par une question de Lorenzo.

– Je ne comprends pas pourquoi on n'a pas le droit d'emmener notre téléphone à l'école. Je trouve que ce n'est pas normal.

– On peut emmener son téléphone à l'école. En revanche, on n'a pas le droit de l'utiliser en classe. Bon, il est vrai que cela dépend du règlement intérieur, chaque collège fixe ses règles.

– Certains collèges autorisent l'utilisation du téléphone portable en classe ?

– Dans les classes, non, c'est interdit partout. Pour ce qui est de l'utilisation, cela change d'un établissement à l'autre. Certains l'autorisent dans la cour de récréation, dans les couloirs.

– Écoutons à présent Manon.

– Ce qui m'énerve vraiment, c'est qu'il y en a certains qui n'éteignent pas leur téléphone en classe. Ils le mettent en silencieux.

– Oui, mais un téléphone en silencieux ou un téléphone qu'on laisse à la maison, ce n'est pas grave. Ce qui gêne, c'est quand on s'en sert en cours. Quand on écoute le professeur et qu'en même temps, on regarde ses messages, on n'écoute pas vraiment. Il est important que les élèves soient attentifs à ce qu'on leur enseigne. Moi, je n'ai rien contre les portables.

– Et dans la cour, ça ne dérange pas ?

– Non, et d'ailleurs, beaucoup de collèges l'autorisent dans la cour. Mais il faut que de temps en temps, les élèves se séparent de leur portable. Ça, c'est un vrai problème. Les sociologues ont constaté que les jeunes dormaient une heure de moins à cause des portables. C'est vrai que lorsqu'on regarde son téléphone le soir au lit, qu'on joue, qu'on lit ses messages, qu'on répond à ses copains, toutes ces activités empêchent de dormir. Et c'est un problème qu'il faut résoudre.

– Justement, on va écouter la réflexion d'Emma.

– Au collège, on a beaucoup d'interdictions, mais on ne va pas toujours les respecter. Donc ça ne sert à rien de nous en mettre autant.

– Alors, c'est un autre débat. Dans la vie, on apprend à vivre en société, avec des règles communes. Beaucoup de ces interdictions sont des règles logiques quand on vit en groupe. Les interdictions, c'est juste pour apprendre à devenir une grande personne.

S'ENTRAÎNER

Exercice 1, p. 26 `PISTE 17`

Mathilde : Salut Quentin, ça va ?
Quentin : Oui et toi, Mathilde ?
Mathilde : Oui, je suis super contente car dans un mois, je vais au concert de ma chanteuse préférée !
Quentin : C'est super ! C'est qui ?
Mathilde : Angèle !
Quentin : Angèle ? La chanteuse belge ? Moi aussi, je l'adore ! On pourrait y aller ensemble ?
Mathilde : Absolument, c'est une excellente idée ! Ça me ferait super plaisir que tu viennes.
Quentin : Cool, c'est quand ?
Mathilde : Le 16 juin à 21 heures.
Quentin : Oh non, le 16 juin, c'est impossible pour moi. Je dois aller à Grenoble pour encourager ma sœur, Charlotte.
Mathilde : Ah bon ? Qu'est-ce qu'elle doit faire ?
Quentin : Elle joue au football depuis longtemps et pour la première fois, son équipe est en finale de la coupe régionale. Si elles gagnent, elles participeront à la coupe de France.
Mathilde : C'est fantastique ! Tu as raison, tu ne dois absolument pas rater ça. En fait, maintenant que j'y pense, c'est moi qui aimerais bien venir avec toi ! Je ne suis jamais allée dans un stade.
Quentin : Ce serait formidable ! Je suis certain que ma famille serait ravie et tu verras, l'ambiance est très festive. On va bien s'amuser. Mais… et le concert ?
Mathilde : Ce n'est pas grave, il y en aura bien d'autres dans les prochains mois.
Quentin : Oui, mais tu n'as pas déjà acheté ton billet ? Tu pourras l'échanger ?
Mathilde : En fait, je pourrais faire mieux. Je pourrais l'offrir à ma cousine. Elle est également fan, elle connaît toutes ses chansons par cœur. Et comme c'est bientôt son anniversaire, ce serait ma contribution !
Quentin : C'est parfait alors ! J'en parle à mes parents ce soir et je te tiens au courant demain matin.
Mathilde : D'accord, à demain !

Exercice 2, p. 27 `PISTE 18`

Sofia : Salut Daphné !
Daphné : Salut Sofia !
Sofia : J'ai une surprise pour toi ! À partir de la semaine prochaine, tous les lundis à 17 heures, nous avons rendez-vous avec Paul pour faire partie de sa chorale !
Daphné : Quoi ? Mais pourquoi tu as fait ça ? Tu aurais dû m'en parler avant.
Sofia : Je suis désolée, je croyais te faire plaisir. Tu me disais que ce serait bien qu'on fasse une activité ensemble après les cours.

Daphné : Oui, mais je pensais à une activité sportive comme l'année dernière. Du basket ou du handball. Je suis complètement nulle en chant, je ne peux pas faire partie d'une chorale.

Sofia : Moi aussi, tu le sais bien ! Mais c'est justement pour ça que je me suis dit que ce serait bien pour nous. Autant apprendre quelque chose de nouveau. Ce qui est sûr, c'est qu'on progressera.

Daphné : Je ne sais pas, je crains d'être ridicule. Et si on se moquait de moi ?

Sofia : Ne t'inquiète pas. Personne n'est chanteur professionnel. Et chanter en groupe a de nombreux avantages pour les études.

Daphné : Ah bon ? Comme quoi par exemple ?

Sofia : Cela permet d'avoir une voix plus puissante et plus claire. Et c'est très bon pour le cerveau aussi ! Ça améliore les capacités d'attention et ça aide à avoir une bonne mémoire.

Daphné : Ok, pour les examens à la fin de l'année, ça pourrait être utile. C'est bon, tu m'as convaincue, je veux bien faire partie de la chorale mais à une condition. Il est hors de question que je chante en public. Pas de spectacle de fin d'année ou d'autre événement du même genre.

Sofia : Tu as le temps d'y réfléchir. Super ! Je suis soulagée que tu aies changé d'avis ! Tu vas voir, on va bien s'amuser !

Exercice 3, p. 28 PISTE 19

Journaliste : Depuis l'âge de 16 ans, Camille suit une formation pour devenir fleuriste. Elle est en cours trois jours par semaine et elle travaille avec une fleuriste le reste du temps. Avec son enseignante, depuis plusieurs mois, elle prépare un concours pour devenir l'une des meilleures fleuristes de France.

Enseignante : C'est important de tenter un concours. Pour ces jeunes, en cas de médaille, cela leur permettra d'augmenter de 20 % leurs chances de trouver un emploi après leurs études. Et quel que soit le résultat, c'est un défi intéressant. Ça leur permet de rencontrer des professionnels reconnus ainsi que d'autres jeunes qui ont le même projet d'avenir. Et ça pousse à la recherche de l'excellence.

Journaliste : En attendant, Camille se prépare à exercer sa future profession. Elle travaille en parallèle de ses études chez une fleuriste de sa ville.

Journaliste : Qu'est-ce qui vous a plu chez Camille ?

Patronne : Sa bonne humeur, son sourire, c'est une qualité indispensable quand on travaille avec des clients. Elle comprend vite ce qu'ils veulent. Et puis elle sait organiser son travail et ça, c'est ce qui compte le plus pour moi.

Journaliste : Camille travaille six jours sur sept. Ce n'est pas vraiment le rythme habituel des jeunes filles de son âge. C'est ce qui a le plus impressionné ses parents.

Père de Camille : Camille avait une vraie passion pour les fleurs depuis toute petite. Nous n'avons donc pas été étonnés lorsqu'elle nous a annoncé son projet d'études. Mais nous nous interrogions sur les obligations du métier. Il faut travailler vite, tous les jours, en particulier le samedi et le dimanche. J'ai eu peur que ce soit un problème pour elle, qu'elle abandonnerait vite, mais pas du tout. Elle se rend à son travail avec plaisir et j'en suis très fier.

Journaliste : Le concours est dans quelques jours, mais Camille reste calme.

Camille : J'ai l'impression d'être bien préparée. Le fait de travailler dans un magasin de fleurs, ça m'a beaucoup donné confiance en moi. Je crois que ça m'a fait grandir. Et c'est vrai que ce serait génial de gagner une médaille d'or, mais quoi qu'il arrive, je sais que ce sera positif pour moi.

Exercice 4, p. 30 PISTE 20

Journaliste : Bonjour, ce matin, en ce premier jour de rentrée scolaire, nous parlons de l'école et surtout de la place du corps à l'école. Depuis quelques années, 30 minutes d'activités physiques quotidiennes sont proposées dans les écoles, en plus des heures habituelles d'éducation physique et sportive. Ces activités contribuent au bien-être et au bon équilibre sanitaire des enfants. Mais une idée plus originale progresse parmi les enseignants, celle de l'apprentissage par le corps, grâce au corps. On a longtemps cru que pour apprendre correctement, il fallait être assis derrière sa table et noter des choses dictées par le professeur qu'on apprendrait ensuite à la maison. Selon les dernières études menées sur l'apprentissage, c'est en classe que les élèves apprennent le mieux, principalement dans l'interaction avec les autres, mais aussi dans le mouvement. Pourtant, aujourd'hui le temps passé assis en classe atteint 55 % de la journée à l'école primaire, puis 75 % vers 15 ans. Le mobilier des classes, tout comme l'architecture des écoles, est toujours principalement conçu pour des apprentissages statiques. Alors les enseignants inventent de nouvelles pratiques. Dans une école en Suisse, par exemple, les élèves apprennent leur table de multiplication en sautant, en courant, en faisant des gestes. L'utilisation du corps facilite la mémorisation. On observe aussi un meilleur mélange, une plus grande coopération entre les filles et les garçons et les enseignants constatent que les élèves en difficulté se sentent plus intégrés. Ça serait ça, donc l'école de demain ? Bouger d'une pièce à l'autre pour mémoriser une règle d'orthographe, installer des bureaux à pédales ou encore multiplier les pauses actives comme dans ces écoles au Québec où l'on pratique une activité physique en classe pour améliorer la concentration. L'école de demain existe déjà à travers toutes ces expériences, à l'intérieur des écoles classiques, partout où le corps en interaction, en mouvement et en émotions devient un outil central de l'apprentissage.

Exercice 5, p. 31 PISTE 21

Journaliste : C'est l'un des aliments que l'on jette le plus à la poubelle : le pain ! Dans l'est de la France, pour trouver une solution à ce problème, quatre grandes boîtes ont été installées dans une ville pour permettre aux habitants d'y jeter leur pain sec. Une fois ramassé, ce pain est distribué aux agriculteurs qui s'en servent pour nourrir leurs animaux. Nous avons rencontré une habitante de la ville pour l'interroger sur cette pratique nouvelle.

Habitante : Pour moi, c'est devenu une habitude. Chaque week-end, je viens déposer les morceaux de pain que je n'ai pas consommés dans ce bac. J'ai tout de suite été convaincue que c'était une bonne idée. Je le fais comme geste citoyen pour contribuer à la réduction des déchets et préserver l'environnement.

Journaliste : Cette boîte à pain est l'une des quatre mises en place au début de l'été dans des quartiers de la ville. Une initiative imaginée par un groupe d'habitants.

Habitant : Depuis longtemps, on constate que de nombreux habitants jettent leur pain sec dans l'espace public. Cela ne part, en général, pas d'une mauvaise intention. Ces personnes pensent réaliser une bonne action car elles se disent que ce pain peut permettre de nourrir les canards, les poissons, les oiseaux que l'on trouve dans la ville. Or, c'est une habitude contreproductive voire dangereuse car elle attire rats, souris et autres créatures nuisibles.

Journaliste : La mairie a décidé de soutenir le projet et a investi six mille quatre cents euros pour la conception et l'installation de ces quatre grandes boîtes à pain. Les agriculteurs, de leur côté, sont ravis.

Agriculteur : Ce pain me sert pour nourrir les poules, les lapins mais aussi les vaches car j'intègre cette matière à leur nourriture habituelle. Et l'avantage de ce pain sec, c'est qu'il est cuit. La matière est donc facile à digérer pour les vaches et elles produisent un peu plus de lait. Je ne pouvais pas rêver mieux !

Journaliste : Le succès de cette collecte de pain a été immédiat, mais les quantités sont telles qu'il faut désormais identifier d'autres personnes ou institutions qui pourraient être intéressées par cette ressource.

Exercice 6, p. 32 `PISTE 22`

Journaliste : Aujourd'hui je vais vous montrer qu'on peut être jeune, sans argent, mais qu'on peut faire le plus beau des voyages comme l'été où Julie a obtenu une bourse grâce à un projet qu'elle a présenté. Elle avait choisi d'aller découvrir la gastronomie dans la région de Valence, en Espagne.

Julie : Moi j'avais 16 ans, le seul voyage que je pouvais m'autoriser à imaginer à cet âge-là, c'était d'aller en Bretagne. Pour moi, c'était inimaginable d'aller plus loin que ça parce que je n'avais pas d'argent.

Journaliste : Huit semaines de rencontres, de visites, mais aussi tout simplement deux mois à apprendre à voyager.

Julie : Je m'étais organisée. Avant le départ, je savais déjà à quelle auberge de jeunesse je devais aller, dans quels lieux déjeuner. Durant ce voyage, ce qui dominait, c'était surtout l'excitation et aussi un peu de peur. La peur de mal faire, d'irriter les gens.

Journaliste : En fait, Julie a souvent dormi chez l'habitant, on l'a beaucoup invitée aux repas familiaux et ainsi elle a respecté son budget de 900 euros. Elle comprend qu'elle a le goût du voyage. Quelques années plus tard, elle repart à l'étranger, toujours grâce à un programme de bourse. Elle va au Maroc à la rencontre de femmes qui aident les autres.

Julie : Je suis partie huit semaines, j'ai parcouru tout le pays. J'ai fait une douzaine de villes à la rencontre de

plusieurs femmes qui ont lancé des projets, créée des entreprises. Par exemple, j'ai fabriqué de l'huile d'argan avec des femmes près du désert où je suis restée une semaine. J'ai rencontré toutes sortes de profils et toutes sortes de projets. C'est assez fou comme expérience.

Journaliste : Et ça ne s'arrête pas là. Il y a des conséquences sur la suite de sa vie.

Julie : Quand je suis rentrée du Maroc, très vite, j'ai décidé de m'orienter vers des études d'économie solidaire, en lien direct avec ce que j'avais expérimenté lors de mes voyages. Ils ont changé ma vie. Ça m'a permis de construire le chemin que je suis depuis cinq ans et de bâtir ma vie d'adulte.

Journaliste : Cette année, Julie termine ses études universitaires, prête à repartir à la découverte d'autres cultures.

Production orale

SE PRÉPARER

Activité 3, p. 91 `PISTE 23`

Personne 1 : Je vais participer à mon premier championnat national de rugby le mois prochain. J'ai hâte ! Avec mon club, on va faire le maximum pour gagner ! J'adore ce sport ! Après le lycée, je continuerai à jouer à l'université.

Personne 2 : L'hiver dernier, je suis partie en vacances avec mes amies à la montagne. Je rêvais de faire du ski quand j'étais petite. À ce moment-là, je pensais que c'était facile. Mais en fait, pas du tout ! C'est très fatigant… mais aussi très amusant !

Personne 3 : Cette année, les études, c'est vraiment difficile. Mais je travaille chaque jour beaucoup pour réussir mes examens. Cet été, je ne voyagerai pas, je réviserai pour la rentrée prochaine. Je prendrai des vacances plus tard. Actuellement, le plus important pour moi, c'est d'entrer en école d'architecte.

Activité 6, p. 92 `PISTE 24`

1. Avez-vous déjà voyagé dans un pays étranger ? Lequel ? Pouvez-vous en parler ?

2. Qu'aimez-vous le plus dans votre école ?

3. Quels sont vos projets pour ce week-end ?

4. Quelles études voudriez-vous faire après le lycée ?

5. Pouvez-vous parler de votre livre ou de votre film préféré ?

6. À quel point la mode vestimentaire est-elle importante dans votre vie ?

Activité 9, p. 93 `PISTE 25`

Exemple : Vous avez une minute pour répondre à un sondage sur les changements climatiques ?

1. Bonjour, contrôle des titres de transport. Je peux voir votre billet de train, s'il vous plaît ?

2. Tu te souviens du pull que je t'ai prêté il y a plus d'un an ? Tu peux me le rendre ?

3. Quel film nul ! Mais pourquoi est-ce qu'on est allés le voir ? J'ai détesté !

4. Excusez-moi, est-ce que vous savez où se trouve la rue Jean-Jaurès ?

5. Bonjour, ce modèle vous intéresse ? Vous voulez l'essayer ?

Activité 13, p. 95 `PISTE 26`

Personne 1 : Je suis d'accord avec ton idée d'aller voir une comédie : j'ai envie de m'amuser ! Le dernier film d'Anita Vargas doit être pas mal, à mon avis.

Personne 2 : Ah non, personnellement, si tu veux voir ce film, c'est sans moi ! Je ne supporte pas ces deux acteurs ! Et ma sœur qui l'a vu m'a dit qu'ils jouaient trop mal !

Personne 3 : D'après moi, si on va voir ce film, on sortira vers 19 h 30. Je pense qu'on n'aura pas le temps de retrouver Lili et Mathieu après. Il vaut mieux choisir un autre film.

ÉPREUVE BLANCHE

Compréhension de l'oral `PISTE 27`

DELF niveau B1 du *Cadre européen commun de référence pour les langues*, version junior / scolaire, épreuve orale collective.

Vous allez écouter plusieurs documents. Il y a 2 écoutes. Avant chaque écoute, vous entendez le son suivant : (🔔). Pour répondre aux questions, cochez (☑) la bonne réponse.

Exercice 1, p. 116

Vous écoutez une conversation.

Lisez les questions. Écoutez le document puis répondez.

Mélanie : Salut Alexandre !

Alexandre : Salut Mélanie ! Que s'est-il passé ? J'étais inquiet. Pourquoi es-tu en retard ?

Mélanie : Oui, je suis vraiment désolée ! Au moment où j'allais sortir de chez moi pour te rejoindre au cinéma, je me suis rendu compte que je ne trouvais plus mon téléphone portable. J'ai mis un quart d'heure à le retrouver ! En fait, il était coincé dans le canapé.

Alexandre : Ce n'était pas possible de sortir sans ?

Mélanie : Non car j'attends un appel important pour un travail cet été et je ne veux pas prendre de risque.

Alexandre : Ah oui ? Quel travail ?

Mélanie : J'ai envoyé mon CV pour travailler dans un magasin de vêtements. C'est un magasin qui ne vend que des vêtements d'occasion et qui propose des tarifs en fonction du poids.

Alexandre : C'est super original ! Mais je ne savais pas que tu t'intéressais à la mode.

Mélanie : En fait, je ne m'y intéresse pas vraiment. J'ai vu un reportage à la télévision sur la fabrication des vêtements et j'ai compris que c'était très polluant comme activité. Alors j'ai commencé à effectuer des recherches pour essayer de comprendre comment m'habiller de façon plus écologique et j'ai découvert ce magasin. J'y suis allée faire des achats et en discutant avec un employé, je me suis dit que ce serait intéressant de travailler là-bas.

Alexandre : Et pour t'habiller, tu arrives à trouver tout ce que tu veux ?

Mélanie : Oui, il y en a pour tous les goûts !

Alexandre : Parfait, tu pourras m'emmener alors !

Mélanie : Avec plaisir mais en attendant, on va voir le film ?

Alexandre : Non, la séance a débuté il y a 10 minutes. Je déteste rater les premières minutes d'un film.

Mélanie : Vraiment ? Je suis vraiment désolée. Tu souhaites qu'on fasse autre chose alors ?

Alexandre : Oui, on pourrait aller se promener dans le centre-ville.

Mélanie : Bonne idée !

Exercice 2, p. 116 `PISTE 28`

Vous écoutez la radio.

Lisez les questions. Écoutez le document puis répondez.

Journaliste : La cour de l'école se transforme en studio de radio. Malgré le froid, les animateurs prennent place autour de la table. Au programme de l'émission : des chroniques, de la musique, des questions à leurs camarades. C'est parti pour une heure en direct.

Fatou : Merci beaucoup d'être restés avec nous pour pouvoir applaudir nos chroniqueurs !

Journaliste : Rencontre avec Fatou, 15 ans, l'animatrice en charge de donner la parole aux chroniqueurs.

Fatou : J'aime bien parler, je ne suis pas du tout timide. Ce rôle, ça me va très bien.

Journaliste : Apprendre à parler devant un micro, vérifier la qualité du son, sélectionner et vérifier les informations sont autant d'activités que les six élèves du collège ont apprises en un mois. Des compétences jugées utiles pour Sofiane.

Sofiane : Lorsque je serai adulte et que je chercherai du travail, ce que j'ai appris ici pourra peut-être m'aider. Je suis fier de notre travail et j'espère que ça continuera comme ça.

Journaliste : Derrière eux, il y a bien sûr quelques adultes comme Justine, professeure de lettres.

Justine : Comme ils sont conscients que des personnes extérieures les écoutent, ça les oblige à bien se préparer à l'avance. C'est un peu différent du travail scolaire habituel où chez eux, ils ne vont pas toujours étudier et faire les devoirs demandés. Ce que j'observe, c'est que pour certains, cet atelier radio a eu des résultats très positifs en classe.

Journaliste : Un autre point positif, l'atelier radio peut aider les élèves à avoir un projet à présenter pour l'examen oral au diplôme national du brevet des collèges. Ils peuvent ainsi parler d'un projet concret auquel ils ont participé et espérer obtenir une très bonne note. Pour le principal adjoint du collège, ce genre d'atelier est extrêmement bénéfique pour les élèves.

Principal adjoint : Ce projet va bien au-delà de la simple découverte de la radio. Ils apprécient de pouvoir passer du temps ensemble. Ça leur permet de travailler la communication entre eux, le respect des uns et des autres et de retrouver le goût d'apprendre car le fait d'être en petit groupe leur permet de recevoir plus d'attention des professeurs qui sont avec eux.

Exercice 3, p. 117 `PISTE 29`

Vous écoutez la radio.
Lisez les questions. Écoutez le document puis répondez.

Journaliste : Aujourd'hui, je vais vous montrer que parfois, on peut rencontrer des propriétaires très généreux. Sara a ainsi pu partir en vacances dix jours au mois de juillet avec son mari et ses cinq enfants. Ils partaient en randonnée le matin et profitaient de la piscine et des jeux l'après-midi.

Sara : Nous sommes à la recherche d'un emploi. Ce sont des vacances qu'on n'aurait jamais pu s'offrir si le logement n'avait pas été gratuit.

Journaliste : La maison dans laquelle Sara et sa famille ont logé gratuitement, c'est celle du président d'une association qui aide les familles à partir en vacances.

Président de l'association : Un jour, notre fille Stéphanie nous a dit qu'elle avait une copine qui n'aimait pas les vacances. En réalité, ses parents n'avaient pas les moyens de l'emmener en vacances. Comme on a la chance d'avoir cette maison, on s'est dit que ce serait bien de pouvoir la partager et de pouvoir étendre cette expérience à d'autres familles et à d'autres propriétaires.

Journaliste : Ils sont aujourd'hui une cinquantaine à proposer gratuitement leur maison à des familles en difficulté. En cas de casse ou de vol, l'association a conclu un partenariat avec une assurance mais depuis quatre ans, il n'y a pas eu le moindre dégât. Pour rassurer les propriétaires volontaires, les familles sont sélectionnées, accompagnées tout au long de l'année par des associations d'aide sociale. Comme Aline, son mari et ses deux jeunes enfants. Ils sont partis huit jours cet été en montagne, dans une maison où la propriétaire s'est occupée de tout pour eux. Elle a mis le linge de maison à disposition et même des sacs à dos pour partir en balade.

Aline : Pour moi, c'est mieux que la plage. En montagne, il y a plein d'activités tous les jours et dans cette résidence il y avait tout ce qu'il fallait pour les enfants. Il y avait même un club pour enfants, des jeux gonflables, des jeux aquatiques. C'était génial !

Journaliste : Un changement d'air pour Aline et sa famille qui vivent en appartement à Lyon. Après quatre ans d'existence, l'association a permis à une cinquantaine de familles en grande difficulté de s'évader quelques jours.

L'épreuve de compréhension orale est terminée. Passez maintenant à l'épreuve de compréhension écrite.

CORRIGÉS

SE PRÉPARER

Activité 1, p. 12

1.

	Domaine personnel	Domaine public	Domaine éducationnel	Domaine professionnel
Dialogue 1		X		
Dialogue 2	X			
Dialogue 3			X	
Dialogue 4				X
Dialogue 5				X
Dialogue 6			X	
Dialogue 7	X			
Dialogue 8		X		

2. Dans le dialogue 2, ce sont deux amis qui se parlent, ils se tutoient. Le dialogue parle d'un loisir (une sortie au cinéma). Dans le dialogue 7, c'est une conversation entre une jeune fille et la mère d'un ami, au domicile de celui-ci. Le thème traité est personnel.

Pour le premier exercice de compréhension orale, il s'agit toujours d'une conversation dans un contexte personnel. Le tutoiement est très souvent présent et les thèmes seront souvent liés à la vie quotidienne, aux loisirs, à la famille, etc.

Activité 2, p. 12

1. Dialogue 1 : Conversation entre deux cousins.
Dialogue 2 : Conversation entre un frère et une sœur.
Dialogue 3 : Conversation entre deux amis d'école.
Dialogue 4 : Conversation entre deux voisins.

Le dialogue 1 est une conversation entre deux cousins car ils évoquent ensemble une fête de famille et Mathieu parle de son oncle et de sa tante.
Le dialogue 2 est une conversation entre un frère et une sœur au sujet d'un vêtement. Ils évoquent leur mère.
Le dialogue 3 est une conversation entre deux amies d'école qui ne se sont pas vues depuis longtemps. Elles parlent d'un repas de classe qui avait eu lieu après des examens.
Le dialogue 4 est une conversation entre deux voisins, un adulte et un adolescent. Ils habitent le même immeuble (mention du parking et de la réunion des copropriétaires).
2. Dialogue 1 : b. un anniversaire.
Dialogue 2 : a. un vêtement.
Dialogue 3 : c. une enseignante.
Dialogue 4 : a. une réunion.

Soyez bien attentif au sujet de la conversation. Il n'est pas nécessaire de comprendre tout le dialogue mais il faut savoir repérer les idées principales.

Activité 3, p. 13

1. QQOQCCP : Qui ? Quoi ? Où ? Quand ? Comment ? Combien ? Pourquoi ?

2.

1.	Qui ? (Quelles sont les personnes concernées?)	Bérénice et Haydée
2.	Quoi ? (Quel est le sujet de la conversation ?)	Préparer des vacances
3.	Où ? (De quel lieu parle-t-on ?)	Le long de la Loire (mais discussion autour de la Corse et de la Bretagne)
4.	Quand ? (À quelle période de l'année ?)	Cet été, en août
5.	Comment ? (Par quel moyen ?)	À vélo
6.	Combien ? (Quel coût ? Quelle durée ?)	10 jours. 40 euros par jour
7.	Pourquoi ? (Pour quelle raison ?)	Pas la Corse parce que c'est trop loin. Pas la Bretagne parce que Haydée connaît déjà et qu'elle veut découvrir une nouvelle région. La Loire parce que c'est beau, que c'est un fleuve sauvage, que la nature est protégée, qu'il y a beaucoup d'animaux, qu'on peut visiter des châteaux et des jardins.

Lorsque vous vous préparez chez vous, vous pouvez reprendre cet outil pour vous aider à comprendre un document sonore. Choisissez une émission de radio ou de télévision et essayez de noter toutes les informations relatives au QQOCCP.

Activité 4, p. 14

Situation générale

a.	Qui parle ?	Un père et une mère
b.	Où se déroule ce dialogue ?	À leur domicile
c.	Quand a lieu cette conversation ?	Avant le déjeuner
d.	À quelle activité participe Victor ?	Canoë

Problèmes... et solutions
1. a. La circulation a été compliquée.
2. b. Le groupe avait quitté l'endroit.
3. c. Demander de l'aide à l'école.
4. b. 30 minutes de cours.
5. b. Un autre parent le ramène chez lui.

Bilan

	QUI ?	QUOI ?	OÙ ?	QUAND ?	COMMENT ?	POURQUOI ?
a.	X					
b.			X			
c.				X		
d.		X				
1.						X
2.		X				
3.					X	
4.		X				
5.					X	

Activité 5, p. 15

1.

	ACCORD	DÉSACCORD
Dialogue 1	X	
Dialogue 2		X
Dialogue 3		X
Dialogue 4	X	
Dialogue 5	X	
Dialogue 6	X	

Pour cette première partie de l'exercice, ne cherchez pas à tout relever. Identifiez seulement l'essentiel, à savoir s'il y a accord ou désaccord entre les deux interlocuteurs.

2. Dialogue 1 : Oui, c'est vrai.
Dialogue 2 : Non, je ne trouve pas.
Dialogue 3 : Pas du tout !
Dialogue 4 : Je suis tout à fait de ton avis.
Dialogue 5 : Effectivement !
Dialogue 6 : Ça marche ! Oui.
3. Réponse libre.
Exemples de réponses possibles :

ACCORD	DÉSACCORD
Ok !	Je suis contre.
D'accord.	Vous avez tort.
Je suis (entièrement/tout à fait) d'accord (avec vous).	Tu te trompes.
	C'est faux.
Vous avez raison.	Ce n'est pas vrai.
C'est vrai ce que vous dites.	C'est inexact.
Absolument.	Je ne pense pas.

ACCORD	DÉSACCORD
C'est exact.	Non…
Oui, en effet.	
Tout à fait.	
Si tu veux…	

Lorsque vous apprenez une nouvelle expression, notez-la dans une fiche. Ainsi, vous pourrez enrichir votre vocabulaire et retrouver facilement des expressions qui expriment la même notion.

Activité 6, p. 16

Pour les questions 1 à 4, concentrez-vous sur la compréhension globale (Qui ? Quoi ? Quand ?).
1. a. Deux amies.
Elles ne sont pas sœurs puisque Béatrice fait référence à SON frère à la fin de la conversation. Elles ne sont pas coéquipières non plus puisque Béatrice joue au volley et non pas au tennis de table.
2. b. La préparation à un match.
3. a. Elle se sent très préoccupée.
4. c. Dans quelques jours.
Pour les questions 5 à 9, vous devez prêter une attention particulière aux informations détaillées.
5. a. Juliette. Elle pense que comme c'est la première fois qu'elle joue à ce niveau, elle va perdre.
6. b. Béatrice. Pour elle, le fait d'avoir été sélectionnée est déjà la preuve que Juliette a toutes ses chances.
7. b. Béatrice. Pour elle, la musique le soir est un bon moyen de se détendre.
8. b. Béatrice. Elle conseille à Juliette de ne pas aller à l'entraînement le samedi qui précède le tournoi.
9. a. Juliette. Elle accepte que Béatrice vienne la voir car elle pense que cela peut la rassurer.
10. a. Sans doute, mais… **5.** Peut-être, mais… /
b. Je suis certaine que… **1.** Je suis sûre que… /
c. D'après moi,… **6.** À mon avis,… /
d. Je ne supporte pas… **2.** J'ai horreur… /
e. Tu as raison ! **3.** C'est vrai ce que tu dis ! /
f. Évidemment ! **4.** Bien sûr !
Ces phrases peuvent vous servir pour les épreuves de production. Essayez de les mémoriser.

Activité 7, p. 18

1. Document 1 : Annonce publique
Document 2 : Émission à la radio
Document 3 : Conférence
Document 4 : Émission à la radio
Document 5 : Conversation dans la rue
Document 6 : Annonce publique
2. b. Du sens des courses à pied.
c. D'un jeu de culture générale.

Activité 8, p. 18

1. a. Bulletin météo
d. Billet humoristique
f. Flash info
g. Revue de presse
Notez que le bulletin météo, le billet humoristique, le

flash info et la revue de presse peuvent être réalisés par une seule personne. Ce sont des monologues. Par définition, le débat, l'interview et le micro-trottoir (le fait d'interviewer plusieurs personnes dans la rue sur un sujet donné) nécessitent d'être au moins à 2.

2.

	Publicité	Bulletin météo	Flash info	Interview	Enquête	Débat
Document 1						X
Document 2				X		
Document 3					X	
Document 4	X					
Document 5		X				
Document 6			X			

3. Document 1 : Débat
Document 2 : Invité
Document 3 : Étude
Document 4 : Kaki
Document 5 : Éclaircie
Document 6 : Journal

Activité 9, p. 19

1. Documents :

　　n° 1　　　　n° 3　　　　n° 4　　　　n° 2

2. Document 1 : Qu'est-ce qu'une allergie ?
Document 2 : Faut-il supprimer les devoirs à la maison ?
Document 3 : Quels sont les avantages du bilinguisme ?
Document 4 : À quoi sert l'orthographe ?

Activité 10, p. 19

1. D. L'éducation
Astuce ! Le 2ème exercice de l'épreuve de compréhension orale du DELF B1 JS porte toujours sur le thème de l'éducation.
2. b. Classe - **c.** Consigne - **d.** Collégien - **e.** Cahier
3. Réponse libre.
Exemple : C'est le fait que les élèves se mettent à travailler d'eux-mêmes, sans que l'enseignante intervienne.
4. a. Les jeunes découvrent la leçon chez eux et les exercices à l'école.
5. b. Vive la classe inversée !

Activité 11, p. 20

1. Réponse libre à partir des hypothèses sur le questionnaire.
2. c. Du bruit dans les coquillages.
Cette question est une question de compréhension globale.
3. b. Ne contiennent que de l'air en mouvement.
4. c. Bruit blanc et bruit rose.

5. a. Pour avoir l'impression d'entendre la mer.

Activité 12, p. 21

1. a. L'enseignement.
2. c. Une langue étrangère.
3. c. Le traduire.
4. a. Un objectif.
5. c. Passionnants
6. d. D'avoir des élèves autonomes.
7. a. Sur un site professionnel.
8. c. Elle est enchantée.

Activité 13, p. 22

1. a. Discipline scolaire.
2. b. Celle de l'olympisme à l'école.
3. a. Éducation Physique et Sportive.
4. c. Professeur.
5. b. La gymnastique.
6. b. Mal l'EPS.
7. a. L'histoire de la discipline.
8. c. La natation.

Activité 14, p. 23

Procédez avec méthode pour les questions 1 à 4. Notez les identités (question 2) et nationalités (question 3) au fur et à mesure de l'écoute, identifiez les lieux de travail des deux personnes interrogées (question 4) et enfin déterminez le nombre d'interlocuteurs (question 1).
1. 4
2. b. Paul : Laurent / Lucile : Favre / Elena : Moneo / Nadine : Fournier
3.

4. c. Dans un restaurant.
5. a. b. Faux.
b. a. Vrai.
c. b. Faux.
d. b. Faux.
e. a. Vrai.
6. Réponse libre parmi les options proposées.

Activité 15, p. 25

1. a. Emma : 5
b. Lorenzo : 2
c. Manon : 4
d. Jean-Philippe Martin : 3
e. Journaliste : 1
2. a. Proviseur.
3. a. Au collège.
4. a. Pouvoir amener son téléphone à l'école.
5. c. En colère.
6. c. Le manque de sommeil des jeunes.
7. b. À pouvoir vivre ensemble.

S'ENTRAÎNER

Exercice 2, p. 27

1. b. De participer à une activité hebdomadaire.
2. c. Elle aurait aimé que Sofia lui demande son avis.
3. a. De faire des progrès.
4. a. La peur.
5. c. Cela facilite la mémorisation des informations.
6. c. De pouvoir refuser de chanter en public.

Exercice 4, p. 30

1. c. L'apprentissage scolaire.
2. b. Elle participe à la bonne santé des enfants.
3. a. Le corps joue un rôle important pour l'apprentissage.
4. c. plus de temps assis qu'en mouvement.
5. b. Par toutes sortes de mouvement.
6. b. Une plus grande inclusion.
7. a. est déjà bien présent.

Exercice 6, p. 32

1. a. Grâce à un projet qu'elle avait proposé.
2. c. Parce que ça correspondait à son budget.
3. b. Elle s'est bien informée avant de partir.
4. b. De déplaire.
5. c. la solidarité.
6. b. Elle a participé activement.
7. a. Elle l'a aidée à déterminer son avenir.

Compréhension des écrits

SE PRÉPARER

Activité 1, p. 40

Document 1 : 1. Non - 2. Oui
Document 2 : 1. Non - 2. Non
Document 3 : 1. Oui - 2. Non
Les 3 documents utilisent le vocabulaire du cinéma. Il faut lire attentivement les informations secondaires pour répondre aux questions.

Dans le document 1, on parle d'un film sur un restaurant. Dans le document 2, on parle d'un restaurant qui accueille un repas avant une grande cérémonie. Dans le document 3, on parle d'un musée qui expose des objets sur le cinéma.

Activité 2, p. 41

Lieu			
Chamonix 3	Genève 2	Paris 1	Toronto 4
Activité			
Danse 2	Marche 4	Ski 3	Tennis 1
Durée			
1 mois 1	De janvier à novembre 2	1 h 30, tous les jours 4	2 h, du vendredi au dimanche 3

Coûts d'inscription			
Gratuit 4	80 € 3	95 € 1	120 € 2

Cet exercice vous demande de lire plusieurs articles et de repérer les informations les plus importantes.
Deux possibilités pour remplir le tableau : mettre les informations annonce par annonce (1, 2, 3 et 4) ou mettre les informations catégorie par catégorie (lieu, activité, durée et coûts d'inscription).

Activité 3, p. 42

	Annonce 1	Annonce 2	Annonce 3
L'activité sportive se pratique dans le stade olympique.	Oui	Non	Oui
Tout le matériel est inclus.	Non	Non	Oui

Vous devez rechercher les informations dans les textes :
Annonce 1 : « Cours : Stade olympique, terrain n°2 » / « Les élèves doivent apporter leurs chaussures et acheter la tenue / Le club donne les ballons » = les ballons sont inclus mais pas les chaussures ni la tenue.
Annonce 2 : « Bureau des inscriptions : 81, allée des Cerisiers (cours à la même adresse) » / « Les élèves doivent apporter leur raquette. »
Annonce 3 : « Cours : terrains à l'entrée du stage olympique » / « Le club fournit l'ensemble du matériel. »

Activité 4, p. 43

	Arcades jeux vidéo	Bowling	Atelier artistique	Parc aquatique
Centre-ville	Oui	Non	Non	Oui
Achat souvenir	Oui	Non	Oui	Oui
6 personnes	Oui	Non	Oui	Oui

Repérez le mot « centre-ville » dans les textes ou des indices : « sortie du village », « à côté des champs. »
Achat souvenir : pensez à la définition du mot « souvenir » ; « Un verre spécial », « votre parfum » et « votre photo avec un cadre » sont des souvenirs.
Attention au piège : « l'année prochaine, nous mettrons à la vente quelques objets… »

Activité 5, p. 45

1. Titre
a. Les jeunes et la musique : quels dangers auditifs ?
b. La thématique.
Le titre est facile à repérer : très souvent, c'est la première information en haut du document. Il est écrit en grand et en gras.
2. Chapeau.
a. Chapeau : « Le professeur Bruno Frachet, président d'Agir pour l'audition, et le docteur Waël Khazen, chef

de projet de recherche clinique à l'hôpital Rotschild, alertent sur les dangers de l'écoute de la musique à l'aide de casque.

b. Introduire le sujet.

Lisez toujours attentivement le chapeau : vous y trouverez la thématique principale et parfois des premières informations permettant de répondre aux premières questions.

3. Intertitres

a. Intertitres : « Comportements à risque » et « Il est temps d'agir pour l'audition ».

b. Faire une transition d'une idée à une autre.

Les intertitres découpent le texte et facilitent la lecture. Ils reprennent une idée importante du passage qui suit.

4. Du temps d'écoute qui est trop important.

5. Les responsables politiques.

L'expression « responsables politiques » est dans le texte ; cherchez-la et relisez le paragraphe. Souvent, dans le DELF, des synonymes sont utilisés dans les réponses pour ne pas répéter les mots du document.

Activité 6, p. 47

1. a. Partie 1, « Une problématique des habitants des grandes villes » : « Il concerne les grands centres urbains car, ailleurs, comme dans les banlieues ou les zones rurales, accéder à l'emploi passe par l'automobile. »

b. Partie 2, « Une raison économique » : « Le permis, la voiture, l'essence, l'assurance, le stationnement représentent un coût énorme dans le budget d'un jeune… »

c. Partie 3, « D'autres services à portée de main » : « Tous ces moyens de déplacement ne donnent plus envie d'acheter sa propre voiture… »

Pour trouver l'information importante, repérez les exemples et les détails comme les chiffres. Très souvent, l'information principale est un fait général et pas une opinion personnelle.

2. Faux.

L'extrait du texte qui permet de répondre est celui-ci : « Mais ils passent le permis tôt ou tard par nécessité. »

3. Vrai.

L'extrait du texte qui permet de répondre est celui-ci : « La nouvelle génération cherche à limiter ses dépenses… »

4. Faux.

L'extrait du texte qui permet de répondre est celui-ci : « les jeunes prévoient de retarder encore davantage l'achat de leur voiture. »

Activité 7, p. 48

Déclarations positives	Déclarations négatives
1 – 2 – 4 – 6	3 – 5 – 7 – 8

Ces déclarations vous aident à comprendre le point de vue d'une personne.

Apprenez ces déclarations pour en utiliser une ou plusieurs dans les épreuves de production du DELF !

Activité 8, p. 49

1. b. Les activités des adolescents sur les réseaux sociaux.

Pour sélectionner la réponse correcte, observez chaque mot. « Risques » = l'article ne parle pas directement des risques des réseaux sociaux. « Augmentation » = l'article montre le nombre de réseaux sociaux, d'utilisateurs et de publication mais n'explique pas leur augmentation.

2. Faux.

L'extrait du texte qui permet de répondre est celui-ci : « Il utilise à chaque fois moins Facebook car il est ''ami '' avec ses parents ».

3. c. Parce que l'ordinateur est partagé avec toute la famille.

4. Faux.

L'extrait du texte qui permet de répondre est celui-ci : « Une récente étude a démontré que les adolescents qui envoient le plus de messages et qui se connectent beaucoup aux réseaux sociaux sont aussi ceux qui ont le plus d'interactions dans la "vraie vie". »

5. b. Continuent d'utiliser Facebook.

6. c. Enthousiaste.

7. a. Il aime partager ses activités avec des photos.

8. a. Très positive.

Pour les questions 6 et 8, l'information n'est pas donnée directement dans l'article. Vous devez lire de nouveau les passages nécessaires pour comprendre le sentiment de Sophie (« facile à utiliser et nécessaire pour être connecté avec tous mes amis » = enthousiaste) et définir la description faite par Léo (« J'adore WhatsApp. Je peux tout faire… » = description très positive avec le verbe « adorer »).

Activité 9, p. 51

1. c. Elle a changé l'organisation de l'école avec l'aide des élèves.

2. b. Parce que tous les élèves mangent à la cantine.

3. b. Ils organisent leur journée selon leur envie.

4. c. Parler de ses nouvelles connaissances.

5. Vrai.

Tous les choix proposés dans les questions sont pertinents. Parfois, ils reprennent des éléments du texte ou alors ils semblent donner une vérité. Il est important de relire le document lentement pour repérer le choix correct. N'oubliez pas que les questions sont placées dans l'ordre du texte !

Activité 10, p. 52

1. c. Appeler leurs parents en cas de problème.

2. b. À la sortie du collège, après les cours.

3. b. Les élèves plus âgés sont raisonnables dans l'utilisation de leur téléphone.

4. b. Il facilite l'apprentissage de nouveaux savoirs numériques.

5. Faux.

L'extrait du texte qui permet de répondre est celui-ci : « Au lieu d'interdire les téléphones, les écoles pourraient mettre en place des politiques intégrant… »

Dans cet exercice, chaque question est placée en face du paragraphe dans lequel se trouve la bonne réponse. Pour faciliter la lecture, les longs textes ont des paragraphes.

Dans le DELF, il y a très souvent une question par paragraphe.

S'ENTRAÎNER

Exercice 2, p. 56

	L'Univers des ados	Dix-huit	Science & Planète	L'entraîneur
Actualité des pays francophones	Non	Oui	Non	Oui
Deux numéros par mois ou plus	Oui	Non	Oui	Non
Disponible en papier et en ligne	Oui	Non	Non	Oui
Pour les adolescents	Oui	Oui	Non	Oui

L'univers des ados parle de tous les pays (« cinq continents », « un pays différent »). Il y a plusieurs numéros par mois (24 numéros en 6 mois = 4 numéros par mois). Il est possible de « recevoir à domicile le magazine » ou de « le lire sur Internet ». C'est un magazine pour les adolescents (« centres d'intérêt des adolescents »).

Dix-huit est un magazine sur les « tendances dans les pays francophones. » Il y a un seul numéro par mois (« magazine mensuel »). Il est disponible uniquement sur papier (« recevoir le magazine », « disponible dans les librairies ») et il s'adresse aux adolescentes (« s'adresse aux adolescentes »).

Science & planète est un magazine dans lequel tous les pays sont abordés. Il y a plusieurs numéros par mois (« 1 numéro par semaine »). Il est uniquement disponible en ligne (« uniquement publié sur Internet ») et il s'adresse aux adultes (« des étudiants aux retraités »).

L'entraîneur est un magazine sur des sportifs francophones. Il y a un numéro tous les deux mois. Il est disponible en papier et en ligne (« vous recevrez nos éditions dans votre boîte aux lettres et dans votre messagerie électronique »). Il s'adresse « aux plus jeunes ».

Exercice 4, p. 62

1. c. aux élèves et aux professeurs.
L'information qui donne la réponse correcte est celle-ci : « 3 000 enseignants et près de 12 000 élèves. »
2. b. Faux.
En lisant le texte, on apprend que l'école demande une contribution de 60 euros par an ; les parents doivent ensuite payer 35 euros pour garder l'ordinateur.
3. a. Les élèves travaillent directement sur leur ordinateur.

Dans le texte, la phrase explicative est celle-ci : « ils remplissent le document que leur enseignante avait déposé sur le réseau. »
4. b. Les livres pour les cours ont disparu.
Il faut chercher le paragraphe dans lequel Patricia parle : « on avait plein de livres. Maintenant, ça s'est allégé. » Patricia prend encore des affaires pour aller à l'école mais elle ne porte plus de livres.
5. a. C'est plus simple pour écrire ses cours.
On peut lire dans l'article que Nicolas avait « une écriture très sale. »
6. b. Faux.
Les élèves ont été formés à la réception de l'ordinateur. Les professeurs ont reçu du matériel pendant un an.
7. a. Vrai.
Le texte précise : « pour chercher de l'info, la critiquer, la travailler, la partager… »

> **Production écrite**

SE PRÉPARER

Activité 1, p. 70

1. Faits : phrases b, c, f. - Opinions : phrases a, d, e.
2. Un fait exprime une réalité. Il s'agit d'une information objective, c'est-à-dire que la personne qui la donne n'exprime pas son opinion personnelle.

Activité 2, p. 70

Fait / Détails sur les faits / Opinions
Vie sociale à l'école

Nous connaissons la plupart de nos amis à l'école. Si quelques personnes rencontrées à l'école élémentaire ou au collège restent des amis fidèles toute la vie, les plus belles amitiés naissent en général au lycée et à l'université lorsque l'adolescent cherche à s'intégrer à un groupe qui lui ressemble. Certains pensent que les années du lycée représentent la plus belle période d'une vie quand d'autres affirment que c'est à l'université qu'ils ont créé leurs plus beaux souvenirs. Deux Français sur trois disent avoir rencontré leur meilleur ami sur les bancs de l'école ou de l'université. Les jeunes filles trouvent une meilleure amie très tôt, dès le début du lycée, alors que les garçons attendent la dernière année du lycée ou l'université. Nous pouvons conclure sur une évidence : les années scolaires sont plus belles en compagnie de vrais amis.

Avec les couleurs, il est facile d'observer l'organisation des faits. D'abord, on expose un fait. Puis, on donne des détails sur ce fait. Enfin, on peut émettre une opinion.

Activité 3, p. 71

1. Exemples de faits :

a. Les matières à l'école : L'histoire-géographie est la matière préférée des Français devant les mathématiques et le français. — Les langues étrangères les plus enseignées dans le monde sont l'anglais, le français, l'espagnol, l'italien et le chinois.

b. L'évolution de l'école maternelle : Aujourd'hui, le langage est au cœur des apprentissages à l'école maternelle. Les enfants apprennent à mieux parler la langue française et peuvent découvrir aussi une première langue étrangère. — Les professeurs utilisent de nombreux jeux dont l'objectif est de permettre aux enfants de mieux communiquer entre eux et donc de devenir des êtres plus sociables.

c. L'utilisation des nouvelles technologies à l'école : L'école du XXIe siècle a la mission de former les élèves à maîtriser les outils numériques et de les préparer à vivre dans une société dont l'environnement technologique évolue constamment. — Il a été démontré que l'utilisation des nouvelles technologies dans les classes ne permettrait pas aux élèves d'obtenir de meilleurs résultats et ne diminuerait pas l'écart entre les favorisés et les défavorisés.

d. Les cours de sport au lycée : Le sport est un langage international et un important facteur d'intégration qui prépare les lycéens à entrer dans la vie active. — Contrairement à ce qui est appliqué dans d'autres systèmes éducatifs étrangers, en France, les élèves sont notés à la performance et non pas à l'investissement ce qui peut les décourager surtout lorsqu'on change le sport trop vite.

Vous avez ici huit faits. Vous pouvez observer que chaque information donnée est objective. Il s'agit d'informations présentes dans des livres ou sur Internet. Les informations sont « neutres » : elles ne présentent aucune opinion.

2. Il ne faut pas s'exprimer à la première personne « je ». On peut utiliser le pluriel pour impliquer un grand nombre de personnes. Les verbes sont souvent au présent mais peuvent aussi être au passé ou au futur.

Activité 4, p. 71

Pour débuter votre texte, vous rappelez le contexte :
Avec ma classe de français, nous avons préparé un projet qui était de passer une semaine dans une école où les cours se font en langue française.

Le contexte doit être général : il introduit l'idée principale.

Puis, vous racontez votre expérience. Proposez trois faits.
L'école où je suis allé(e) est proche de notre école mais elle est très différente : tous les cours se font en langue française. D'abord, j'ai observé que tout est écrit en français. Toutes les affiches, les panneaux et même le menu à la cantine sont en français. Ensuite, les professeurs n'utilisent jamais notre langue. Ils donnent les cours et expliquent en français. J'ai suivi des cours de mathématiques, d'histoire-géographie, de sport et de sciences en français. Enfin, j'ai remarqué que les élèves n'avaient pas de difficulté pour comprendre. Ils communiquent même entre eux en français.

Chaque fait est accompagné d'un exemple ou d'une explication.

« j'ai observé que tout est écrit en français » = fait.

« Toutes les affiches, les panneaux et même le menu à la cantine sont en français. » = exemple.

Vous concluez par une phrase qui doit exposer un fait général :

Pour conclure, je peux dire que le fait d'étudier des matières dans une autre langue permet de mieux apprendre cette langue.

La conclusion peut être une appréciation générale ou un bilan des grandes idées.

Activité 5, p. 72

1. Joie : Bravo ! Nous sommes très contents. / J'admire ta décision. / Je suis ravi de l'apprendre. / Je suis tellement heureux.
Tristesse : Je suis déprimé. / Quel malheur !
Colère : Je suis très en colère. / Le fait de me mentir m'énerve. / Je suis révolté d'apprendre ça. / Je suis choqué. / Je ne supporte plus tes mensonges.
Peur : Le noir m'angoisse. / Ça m'inquiète.
Surprise : Ça m'a étonné de vous voir là. / Cela me surprend de toi. / Tu es surprenant. / C'est incroyable.

2. Proposition de corrigé :
Je suis ravi d'apprendre que l'université de mon choix m'a accepté. J'étais très déprimé. Je ne supportais plus de voir mes amis obtenir leur réponse pendant que moi je devais patienter. J'étais très inquiet de ne pas être accepté. Et puis un matin, j'ai été surpris de trouver la lettre d'acceptation sur la table de la cuisine : ma mère avait surveillé la boîte aux lettres tous les matins !

Activité 6, p. 72

Proposition de corrigé :
Quand j'étais à l'école primaire, j'étais très heureux parce que j'avais beaucoup d'amis. Nous nous amusions bien pendant les pauses. J'étais ravi d'aller à l'école tous les matins. Mais un jour, avec ma famille, nous avons déménagé. J'étais très inquiet de ne pas trouver de nouveaux amis. C'était ma plus grande peur. J'étais en colère après mes parents. Heureusement, la nouvelle école était incroyable. Il y avait plus de matériel et des espaces plus grands. J'ai trouvé dans cette école mes meilleurs amis et donc, j'ai finalement été content d'avoir déménagé.

Au niveau B1, le candidat doit être capable d'exprimer de nombreux sentiments et de réagir à des faits.
Exemple : Mes parents ont décidé de me changer d'école.
Réaction = je suis inquiet, je ne suis pas content, je suis surpris…

Activité 7, p. 72

1. Effectivement, il est plus facile de faire les devoirs à l'école qu'à la maison.
2. Je suis tout à fait certain que les pauses sont essentielles.
3. Je suis contre les repas pris à la cantine parce que les élèves doivent rentrer chez eux pour avoir une vraie pause.
4. C'est une bonne idée de proposer tous les cours sur 5 jours.
5. Je pense que les autorités ont tort de supprimer l'enseignement d'une autre langue.

Pour formuler un sentiment, il faut choisir le bon verbe ou le bon adjectif, s'exprimer à la première personne « je » et reprendre les mots du fait.

Activité 8, p. 73

Proposition de corrigé :

1. Je suis ravi de votre décision. Je pense qu'aujourd'hui, nous devons étudier à partir des ordinateurs. C'est plus facile de trouver les informations actualisées avec Internet. Le livre présente des informations d'hier. En plus, nous utilisons des téléphones portables, des tablettes et des ordinateurs en dehors de l'école. Alors je pense que c'est une bonne idée d'introduire ces technologies dans la classe.

2. Je me permets de vous écrire pour vous faire part de mon désaccord avec votre décision de ne plus utiliser de livre dans le cours de français. Tous les élèves de l'école n'ont pas un ordinateur chez eux. Alors ils ne pourront pas faire leurs devoirs ou réviser la leçon. En plus, si nous travaillons uniquement sur l'ordinateur, nous sortirons de la classe sans matériel et je me demande comment nous pourrons travailler sans matériel en dehors des cours.

Il est possible d'insister sur sa réaction ou sur son sentiment en utilisant des moyens simples : multiplier les expressions (« Je suis ravi », « C'est plus facile », « Je pense que c'est une bonne idée ») et ajouter des explications (« En plus », « et je me demande »).

Activité 9, p. 73

Proposition de corrigé :

1. + Je suis tout à fait d'accord avec cette proposition. Cela permettra d'améliorer le niveau des lycéens.
– Je ne suis pas du tout d'accord avec cette idée. Les lycéens doivent avoir du temps pour découvrir la vie.
2. + C'est exact. Personnellement, je recherche toutes les informations sur Internet et je ne vais plus à la bibliothèque.
– Je ne pense pas que les bibliothèques ne sont plus utiles. C'est un lieu de rendez-vous important pour étudier.
3. + Je suis également de cet avis et c'est pour cela qu'il faut multiplier les sorties scolaires.
– La personne qui a donné cette information se trompe. Les sorties scolaires sont surtout un moment de détente permettant d'observer la vie à l'extérieur de l'école.
4. + Effectivement, les parents pourraient mieux accompagner leurs enfants s'ils avaient plus d'informations de la part des professeurs.
– Je ne suis pas sûr que les parents doivent rencontrer plus souvent les professeurs. Je ne comprends pas les avantages.
5. + Je suis absolument d'accord avec cette affirmation. La pension permet un apprentissage plus facile.
– Je suis contre le fait d'obliger les élèves à vivre en pension à l'école. Ils doivent avoir une vie en dehors de l'école.

Activité 10, p. 74

Proposition de corrigé :

1. J'écris cet article afin de partager mon avis sur la question du nouveau gymnase. Je pense que c'est un bon projet parce que notre école a besoin d'un gymnase neuf et propre. Je suis d'accord avec le directeur quand il dit que l'actuel gymnase est trop petit. Je trouve également que nous avons besoin d'un matériel nouveau.

2. J'écris cet article sur le blog de l'école afin d'exprimer mon désaccord avec le projet du nouveau gymnase. Je pense que la direction de l'école se trompe. Nous n'avons pas besoin d'un nouveau gymnase mais plutôt d'une nouvelle cantine. En plus, nous faisons de la piscine alors nous utilisons très peu le gymnase. Je ne suis pas du tout d'accord avec le nouveau projet et je ne suis pas le seul.

Pour donner son opinion, on peut utiliser le « je » pour montrer une idée personnelle (« je pense que », « je suis d'accord ») et on peut aussi utiliser le « nous » pour généraliser une opinion et lui donner plus de force (« Nous n'avons pas besoin », « nous utilisons très peu »).

Activité 11, p. 74

Proposition de corrigé :

1. *Je vais prendre un exemple.* Mes deux parents travaillent toute la journée et rentrent tard le soir alors ils ne peuvent pas m'aider.
2. *On peut prendre l'exemple* du football parce que c'est un sport que tout le monde aime et qui peut réunir les garçons et les filles. Il suffit d'ouvrir le gymnase et de donner un ballon. De cette façon, les élèves viendront jouer pour se détendre et se faire de nouveaux amis.
3. *Ça me fait penser* aux restaurants fast-food. On y va parfois parce qu'on ne sait pas se préparer un repas ou un simple sandwich.
4. *Imaginons que* je choisisse d'étudier la médecine pour devenir dentiste et que le jour où je deviens dentiste, je m'aperçois que ça ne me plaît pas. C'est un problème et je ne saurai pas quoi faire.
5. *Je vous donne un exemple.* Beaucoup de jeunes pensent que les ordinateurs sont essentiels à l'école alors que les adultes pensent le contraire.

Activité 12, p. 75

Proposition de corrigé :

Je prends la parole pour annoncer que je souhaite être l'organisateur de la fête de fin d'année. Je pense avoir les meilleures idées. D'abord, je souhaite vous surprendre en transformant le gymnase avec des décorations lumineuses. Vous serez étonnés de voir des lumières et des bougies dans tous les coins. Ensuite, je connais le meilleur DJ de la ville. Il est exceptionnel. Vous adorez sa musique et je peux lui demander de venir à notre fête. Enfin, j'ai déjà réfléchi à la nourriture. Ce sera une surprise et je sais que vous adorerez. Vous vous amuserez tellement à la fête que vous ne voudrez pas partir.

Pour exposer ses idées, il faut structurer son discours avec des connecteurs (« d'abord », « ensuite », « enfin ») et être clair avec des verbes précis et différents (« prendre la parole pour », « souhaiter », « demander », « réfléchir », « adorer », « expliquer »).

Activité 13, p. 76

Proposition de corrigé :

1. 1 : phrase f. - 2 : phrase g. - 3 : phrase b. - 4 : phrase e. - 5 : phrase h. - 6 : phrase a. - 7 : phrase c. - 8 : phrase d.
Résultat : Les horaires des cours doivent être bien définis pour ne pas fatiguer les élèves et maintenir leur concentration. Certains pays ont des écoles dont les cours débutent

très tôt afin de permettre aux jeunes de multiplier les activités l'après-midi. Par exemple, les cours débutent vers 7 h au Mexique et se terminent vers 15 h. Ainsi, les élèves mexicains ont le temps de faire leurs devoirs, de profiter de leur famille ou de leurs amis et de faire diverses activités. Et d'autres pays préfèrent des journées plus longues avec des fins de semaine et des vacances plus importantes. C'est le cas en France où la plupart des élèves ont des cours toute la journée du lundi au vendredi et des vacances toutes les 8 semaines. Personnellement, je trouve que débuter les cours très tôt le matin fatigue les élèves. En plus, tout le monde n'a pas facilement accès aux activités l'après-midi. Alors, ceux qui ne peuvent pas s'inscrire à un club sportif par exemple resteront chez eux devant la télévision. En conclusion, selon moi, la meilleure solution est donc de faire des cours toute la journée et de donner plus de vacances.

2. a. Le texte doit débuter par **la phrase d'introduction.** - **b.** Ensuite, on peut proposer **le premier fait** qui est suivi de **l'exemple du premier fait.** - **c.** Puis, on peut ajouter **le deuxième fait** avec **l'exemple du deuxième fait.** - **d.** Après les faits, il est important de donner **une opinion personnelle.** - **e.** Enfin, le texte doit terminer par **la phrase de conclusion.**

Activité 14, p. 76

On dit souvent que les jeunes préfèrent les vacances à l'école. D'abord, je pense que c'est normal. En effet, les vacances permettent de se reposer et de faire ce qu'on veut. Par exemple, on peut jouer, voir ses amis, sortir et surtout, il n'y a pas de devoirs. Ensuite, je crois que tous les jeunes ne préfèrent pas les vacances à l'école. Premièrement, l'école permet de retrouver ses amis tous les jours. Deuxièmement, l'école permet de découvrir des choses nouvelles : un sport, un jeu, une culture, une langue, etc. Moi, je préfère l'école aux vacances mais je n'aime pas les devoirs. Enfin, je peux conclure en résumant que les deux sont importants et inséparables pour le bien-être des jeunes.

Il est préférable de mettre trop de connecteurs que pas assez !

Activité 15, p. 77

Proposition de corrigé :
Cher Léo,
En premier lieu, je te félicite pour ton projet. Tu as tout à fait raison de vouloir étudier à l'étranger. Ensuite, je réponds à ta demande en te donnant quelques conseils. Mon premier conseil est de bien choisir ton école. Il y a deux éléments importants : le niveau de l'école et la ville où elle se trouve. Mon deuxième conseil est de choisir un pays dont tu parles déjà la langue. L'école ou l'université te demandera ton niveau de langue. Puis, c'est plus simple de s'intégrer quand on parle la langue locale. Et mon dernier conseil, c'est de bien préparer ton voyage sur le plan financier. Il faut calculer les dépenses, prévoir les déplacements et connaître le coût de la vie. Pour résumer, tu fais le bon choix en voulant partir à l'étranger mais ce projet demande un important travail de préparation.
Tu peux m'écrire si tu veux d'autres informations.
Amicalement,

Dans cette proposition de corrigé, observez la construction du texte :
– il y a une formule d'ouverture « Cher » et une formule finale « Amicalement » parce que c'est un courriel ;
– il y a un rappel du contexte : « je te félicite pour ton projet » ;
– il y a l'expression des idées et des opinions : « tu as tout à fait raison, tu fais le bon choix » ;
– il y a des connecteurs : « en premier lieu, ensuite, puis, et mon dernier conseil, pour résumer » ;
– il y a des explications : « Il y a deux éléments importants… ».

Activité 16 p. 77

Lettre formelle :
– Je souhaiterais exprimer mon désaccord avec votre proposition à travers ce courrier
– Cher Monsieur
– Pour résumer, la mesure proposée par votre service ne semble pas être la plus adéquate
– Je vous prie d'agréer l'expression de mes sentiments distingués
Lettre informelle :
– Salut
– je trouve que c'est une mauvaise idée
– Amicalement
– ton explication n'était pas assez claire
Article :
– je souhaiterais exprimer mon désaccord avec la proposition faite par…
– j'attire l'attention des lecteurs sur…
– nous devrons tous l'accepter
– ces quelques lignes me permettent d'exposer ma réaction suite au nouveau projet du directeur

S'ENTRAÎNER

Exercice 2, p. 80

Proposition de corrigé :
Madame, Monsieur, les responsables du service des relations internationales,
Je vous remercie de votre réponse et d'avoir observé mon dossier d'inscription. Vous trouverez dans cette lettre les informations complémentaires demandées.
D'abord, mon école est classée parmi les meilleures de ma région. Les professeurs sont très exigeants. Mes résultats ont toujours été excellents dans toutes les matières. Je suis donc habitué à travailler beaucoup.
Ensuite, j'ai appris plusieurs langues étrangères. J'ai découvert deux langues à l'école puis une troisième langue dans des cours particuliers. Mes professeurs étaient étrangers. Cela m'a permis d'observer comment partager une langue et une culture. Je vais prendre un exemple. Mes professeurs organisent parfois des déjeuners pendant lesquels ils expliquent leurs traditions dans leur langue.
Puis, mon école dispose d'un club de langues. Avec le club, j'ai organisé des réunions sur les sujets suivants : la gastronomie, l'histoire, l'art et le cinéma. Je pense alors que je pourrais reproduire les mêmes réunions

avec les étudiants de votre université pour partager ma culture. Par exemple, je peux organiser un atelier gastronomique pour cuisiner avec les étudiants des spécialités de mon pays.

En conclusion, je vous assure que je suis un bon candidat pour votre université.

Je vous prie d'agréer l'expression de mes sentiments distingués.

Nombre de mots utilisés : 206.

L'exercice de production écrite est évalué à partir d'une grille qui évalue :

– le respect de la consigne : le corrigé propose une lettre en réponse au message du service des relations internationales ; il y a 160 mots minimum (206 mots au total) ;

– la présentation des faits ou des expériences : ici, il y a 3 faits et expériences (« mon école est classée parmi les meilleures de ma région », « j'ai découvert deux langues à l'école puis une troisième langue dans des cours particuliers », « j'ai organisé des réunions ») ;

– l'expression de l'opinion, des idées, des sentiments : ce corrigé utilise plusieurs expressions comme « je vous remercie », « je suis donc habitué », « je vais prendre un exemple », « je pense alors que », « je vous assure que je suis un bon candidat » ;

– l'organisation du discours (la cohérence) : le corrigé est organisé grâce aux mots « d'abord », « donc », « ensuite », « puis », « en conclusion » ;

– le nombre de mots variés : le vocabulaire doit être varié, il ne faut pas répéter trop souvent les mêmes mots ;

– l'utilisation correcte des mots : les mots utilisés doivent correspondre au contexte de l'idée expliquée ;

– l'orthographe des mots et la mise en page : les mots doivent être correctement orthographiés et pour chaque idée, il faut aller à la ligne pour créer des paragraphes et faciliter la lecture ;

– la compétence grammaticale : il faut proposer des phrases simples et des phrases avec des propositions comme par exemple « Je pense alors que je pourrais reproduire les mêmes réunions… » ; il faut aussi bien conjuguer les verbes et proposer différentes conjugaisons (présent, passé, futur, conditionnel, subjonctif).

Exercice 3, p. 80

Proposition de corrigé :

Cher Monsieur,

Je vous écris pour vous informer que je pars en voyage scolaire au Québec pendant 15 jours. Je ne pourrai pas venir au cours de français pendant 3 semaines.

Premièrement, j'aimerais vous dire que ce voyage sera l'occasion de mettre en pratique mes cours de français. Je serai dans différentes villes du Québec. Avec ma classe, nous irons dans des écoles et nous suivrons des cours en français. Puis, nous visiterons des musées avec des guides qui parleront français. Je suis très content parce que j'apprendrai de nouveaux mots. En plus, nous serons logés dans des familles donc je serai obligé de parler la langue locale.

Deuxièmement, je suis inquiet de ne pas assister à votre cours pendant 3 semaines. J'aimerais trouver une solution avec vous. Par exemple, vous pourriez me donner la liste des leçons et des exercices que vous ferez pendant mon absence. Une autre solution serait de prendre un cours particulier avec vous après mon retour. J'attends votre réponse sur ce deuxième point.

Avec mes cordiales salutations.

Nombre de mots utilisés : 172.

Il est très important de bien respecter la consigne.

La lettre formelle apparaît dans le corrigé avec « Cher Monsieur », « Je vous écris », « Premièrement/ Deuxièmement », « Avec mes cordiales salutations ».

Le début du texte répète les éléments de la consigne pour donner le contexte : « Je vous écris pour vous informer que je pars en voyage scolaire au Québec pendant 15 jours. Je ne pourrai pas venir au cours de français pendant trois semaines. »

Le corrigé propose des solutions (« J'aimerais trouver une solution avec vous… ») et insiste sur les avantages à partir dans une région francophone (« ce voyage sera l'occasion de mettre en pratique mes cours de français… »).

La consigne indique de parler des solutions et des avantages du voyage. Le corrigé parle d'abord des avantages et après des solutions : ce n'est pas un problème de changer l'ordre des éléments de la consigne mais il ne faut en oublier aucun.

Le nombre minimum de mots est respecté (172).

Exercice 5, p. 82

Proposition de corrigé :

Je participe à ce forum pour dire que je ne suis pas du tout d'accord avec Baptiste. Je pense que c'est très important d'apprendre des langues étrangères à l'école. Le premier avantage est que l'apprentissage d'une langue permet de mieux se comprendre. Dans mon école, j'étudie le français, l'espagnol et l'italien. J'apprends ces trois langues et je découvre en même temps trois nouvelles cultures. Cela me permet de comparer avec mes propres traditions et de mieux les comprendre. Grâce aux points communs et les différences avec les autres langues, j'ai l'impression de mieux connaître ma propre langue.

Le deuxième avantage est que cela nous prépare aux voyages. Aujourd'hui, nous voyageons de plus en plus. Connaître la langue du pays avant d'y aller permet de mieux se préparer et d'avoir un meilleur niveau pour échanger avec les habitants. Je peux donner un exemple qui me concerne. Je veux étudier à l'étranger. Pour préparer mon voyage et mon inscription dans une université, je suis obligé de parler la langue du pays.

Pour terminer, je souhaite rappeler que nous apprenons des langues pour communiquer alors je ne comprends pas l'intérêt de les apprendre seul. C'est une idée qui me choque.

Nombre de mots utilisés : 197.

Les expressions pour donner une opinion et exprimer ses sentiments sont nombreuses : « je ne suis pas du tout d'accord », « je pense que c'est très important », « j'ai l'impression de », « je suis obligé de », « je ne comprends pas », « c'est une idée qui me choque ». Le vocabulaire n'est pas répétitif. Les mots utilisés sont variés :

– verbes :
« apprendre » - « étudier » - « connaître la langue »
« voyager » - « y aller » - « échanger » -
« communiquer » - « parler » ;
– substantifs :
« langues étrangères » - « langue » - « traditions »
« apprentissage » - « école » - « université ».

Exercice 6, p. 83

Proposition de corrigé :

Bonjour,

Je vous envoie un article que je vous demande de publier dans votre prochain numéro.

Je souhaite réagir à l'article sur le sujet des ordinateurs à l'école. Dans cet article, les journalistes indiquent que toutes les écoles doivent avoir un ordinateur par élève. Personnellement, je suis très surpris par cette proposition. D'abord, cette mesure entraînerait des dépenses importantes pour les écoles. Par exemple, dans mon établissement, il y a 950 élèves. C'est impossible d'acheter 950 ordinateurs ! Il y a d'autres urgences comme donner des cahiers et des stylos à tout le monde.

Ensuite, si les jeunes savent utiliser les nouvelles technologies facilement, certains professeurs n'ont pas encore les compétences suffisantes pour utiliser un ordinateur. Je vous donne un exemple. Mon professeur d'histoire est bientôt à la retraite et il n'a pas envie d'apprendre à utiliser une tablette.

Enfin, j'ai peur que les élèves prennent l'ordinateur comme un jeu. Ils se sentiront comme à la maison et seront moins sérieux. On peut prendre l'exemple des films. Quand un professeur met un film en classe pour illustrer une leçon, mes amis pensent que c'est comme au cinéma alors qu'il faut rester concentré.

Je serais ravi d'avoir à ma disposition un ordinateur à l'école mais je pense que nous ne sommes pas prêts.

En vous remerciant de la publication de cet article dans votre journal, je vous prie d'agréer l'expression de mes sentiments distingués.

Nombre de mots utilisés : 234.

Les éléments grammaticaux utilisés doivent montrer les compétences de niveau B1.

Dans ce corrigé, nous avons :
– des phrases avec « que » ou « qui » : « Je vous envoie un article que je vous demande de publier dans votre prochain numéro » ;
– des conjugaisons différentes : « je souhaite réagir » (présent), « entraînerait » (conditionnel), « prennent » (subjonctif), « se sentiront » (futur) ;
– des phrases complexes (c'est-à-dire des phrases longues avec plusieurs idées) : « Quand un professeur met un film en classe pour illustrer une leçon, mes amis pensent que c'est comme au cinéma alors qu'il faut rester concentré ».

Activité 1, p. 90

Pour parler au maximum de vous, cherchez, pour chaque mot choisi, tous les mots, expressions et idées en relation. L'objectif est qu'à la fin de l'activité, vous vous soyez présenté(e) le plus complètement possible.

Réponses possibles : je suis né(e) à (*ville*) qui est une grande/petite ville près de (*ville*), dans la région de (*région*). / Mes parents qui s'appellent (*prénom*) et (*prénom*) sont (*profession*) et (*profession*). Je les aime beaucoup. / J'aime tous les animaux, domestiques et sauvages mais mon animal préféré est le coq, symbole de la France. Celui que je déteste est l'araignée à cause de ses pattes poilues. / J'étudie dans un collège public, je suis en classe de (*chiffre*). J'aime suivre les cours, surtout les matières scientifiques comme la physique. / Je voyage chaque année avec ma famille pour aller à (*lieu*). J'aime découvrir de nouveaux endroits et faire des rencontres. / Mes meilleurs amis s'appellent (*prénom*) et (*prénom*). On se connaît depuis (*date*). Ensemble, on fait des activités supers ! / J'écoute beaucoup de musique, surtout dans les transports. Mon style de musique préféré est (*style*). / J'aime bien faire du sport, en particulier le week-end. Je cours autour du parc avec mon chien et je fais quelques parties de tennis avec mon frère. / Je n'ai pas de frère mais j'ai deux sœurs. Elles s'appellent (*prénom*) et (*prénom*). Elles sont jeunes, je suis l'aîné(e), ce n'est pas toujours facile. / Je passe mon temps sur Internet, c'est mon loisir préféré ! Grâce à mon portable, je suis toujours connecté(e). / Je sors souvent le samedi, rarement le soir après le collège. Je vais au cinéma ou au stade avec mes copains.

Activité 2, p. 90

Pour présenter toutes les personnes sur l'image, il est nécessaire de répondre à chaque question qui guide pour ne rien oublier.

Réponse possible : une famille de six personnes habite dans une maison entourée d'un jardin avec des arbres. Ils vivent à la campagne ou à l'extérieur de la ville. Devant la maison, un chien mange un os et une voiture est garée, sans doute celle de la famille. Au rez-de-chaussée, dans le salon, la mère est en train de lire un roman, elle est assise sur le canapé. Dans la cuisine, une grand-mère et sa petite-fille cuisinent ensemble un gâteau. La petite fille est en train d'en manger et elle semble beaucoup aimer cela. Au premier étage de la maison, dans la salle de bain, le père s'occupe du bébé. Dans sa chambre, un jeune adolescent est en train de jouer de la guitare, il s'entraîne avec passion.

Activité 3, p. 91

Personne 1 : Futur (expressions : le mois prochain, après le lycée).

Personne 2 : Passé (expressions : l'hiver dernier, quand j'étais petite, à ce moment-là).

Personne 3 : Présent (expressions : cette année, actuellement) et futur (expressions : cet été, la rentrée prochaine, plus tard).

Pour déterminer le(s) moment(s) des événements, il est important de relever le(s) temps des verbes : présent ? Passé composé ou imparfait ? Futur proche ou futur simple ? Les expressions de temps donnent aussi des indications (« hier » pour le passé) mais pas toujours (« cet été » peut renvoyer au présent, au passé ou au futur).

Activité 4, p. 91

Réponses possibles : Dans deux ans, je serai diplômé(e) et j'irai à l'université étudier l'anglais. / L'année dernière, avec l'école, nous avons visité un magnifique musée de peintures. / Quand je serai adulte et que je travaillerai, je vivrai dans une grande maison en bois. / Cette année, je prépare un voyage en Espagne avec mes amis. / J'ai été très malade il y a une semaine, j'ai eu la grippe. / Actuellement, j'apprends à conduire avec mes parents. / En ce moment, j'aime aller à la campagne le week-end pour profiter de la nature. / Quand j'étais petit, je détestais aller à l'école. / Quand j'étais au collège, chaque semaine, je prenais des cours de natation pour apprendre à nager. / Cet été, ma cousine va se marier et toute la famille va se réunir. / Plus tard, j'aurai des enfants. / Samedi prochain, je vais au concert de mon chanteur préféré.

Activité 5, p. 92

1. e / **3.** b / **4.** f / **6.** d / **7.** a / **8.** c
Les questions sans réponse sont : **2** et **5**.
Pour associer la bonne réponse à la question, il faut rechercher les mots de même sens (« important » et « vous ne pouvez pas vous séparer »), associer le thème à un exemple (« matières préférées » avec « histoire » et « français ») ou repérer le temps des verbes (par exemple le présent d'habitude dans la question 4).

Activité 6, p. 92

Réponses possibles :
1. Je suis déjà allé(e) au/en (*pays*). J'ai découvert des sites touristiques exceptionnels, goûté des spécialités typiques, fait une excursion avec un guide. J'ai beaucoup aimé cette expérience.
2. Ce qui me plaît le plus dans mon école, ce sont mes amis ! J'adore être avec eux et le soir, on continue à communiquer sur Internet.
3. Je vais sûrement aller chez mes grands-parents avec mes parents et ma sœur. On y passera le week-end car ils habitent loin de chez nous.
4. J'ai l'intention d'entrer dans une école privée pour étudier le théâtre et obtenir un diplôme au bout de trois ans.
5. Je suis fan des films de (*nom de réalisateur*), je les ai tous vus mais je préfère le dernier qui parle des relations parfois difficiles entre amis.
6. La mode est très secondaire pour moi. Quand j'achète un pull ou un pantalon, je ne fais pas attention à la tendance du moment.
Pour répondre correctement à une question, n'oubliez pas de l'écouter dans sa totalité en faisant attention au thème (par exemple, les études) et au temps (« voudriez-vous » exprime le souhait futur).

Activité 7, p. 93

1. J'insiste. Devant un refus, j'essaye de discuter pour obtenir ce que je souhaite.
2. Je m'excuse. La musique est trop forte et c'est ma faute, je présente donc mes excuses.
3. J'explique. Comme la professeure ne comprend pas la situation, je dois lui expliquer.
4. Je donne un conseil. Si mon ami rencontre des difficultés, je l'aide, je le conseille.
5. Je propose. Puisque le projet du week-end n'est plus possible, j'en propose un autre.

Activité 8, p. 93

Réponses possibles :
1. Je suis vraiment déçue de ma note, j'avais beaucoup travaillé.
2. C'est incroyable ! Je suis tellement contente !
3. Mais ce n'est pas possible ! Quelle catastrophe !
4. Ouf ! Ça y est, je suis dans le train, je me sens mieux !

Activité 9, p. 93

1. Standard. **Réponse possible :** Bien sûr, voilà mon billet.
2. Familier. **Réponse possible :** Vraiment ? Je ne sais pas du tout où il est... Je t'en rachèterai un autre.
3. Familier. **Réponse possible :** Je suis bien de ton avis, on a perdu notre temps, cet après-midi !
4. Standard. **Réponse possible :** Non, désolé(e), je n'habite pas dans le quartier.
5. Standard. **Réponse possible :** Tout à fait. Où est-ce que je peux l'essayer ?
Le registre standard est le registre généralement utilisé entre inconnus. Le registre familier est réservé aux amis proches et à la famille. Le registre formel est nécessaire face à une personne ayant une autorité hiérarchique (professeur, directeur, etc.).

Activité 10, p. 94

Réponse possible :
1. Est-ce que tu pourrais me prêter ton livre de français ?
Le conditionnel est très souvent utilisé pour exprimer une demande polie.
2. Je ne suis pas d'accord avec votre note, mon devoir est réussi.
Pour exprimer le désaccord, on utilise des expressions comme « je ne suis pas d'accord ».
3. Ah non mais ce n'est pas possible de porter un parfum aussi dégoûtant ! Quelle idée !
L'adjectif « dégoûtant » exprime le dégoût.
4. Je vous assure que je ne serai pas en retard demain matin, c'est promis !
Pour faire une promesse, on utilise le verbe « assurer » ou l'expression « c'est promis ».
5. Je voudrais bien, si c'est possible, avoir deux jours de plus pour faire mon devoir de sciences. Merci beaucoup.
Le conditionnel est très souvent utilisé pour exprimer une demande polie.
6. Tu n'as pas oublié les dix euros que je t'ai prêtés, hein ?
Pour rappeler quelque chose à quelqu'un, on utilise le verbe « oublier » au passé composé négatif.

On peut parler à un ami et être quand même poli, surtout si on veut lui demander un service (exemple de la phrase 1).

Activité 11, p. 94

Pour remettre une phrase dans le bon ordre, il faut chercher le sujet puis le verbe et enfin le complément. La conjugaison du verbe donne aussi des indications.

1. Qu'est-ce que vous voulez dire ?

2. Tout à fait !

3. C'est bien ça ?

4. Vous avez bien dit 10 € ?

5. Bien sûr !

6. Si j'ai bien compris, c'est possible ?

Expressions pour confirmer une information : n° 2 - n° 5
Expressions pour vérifier une information : n° 1 - n° 3 - n° 4 - n° 6

Activité 12, p. 95

1. c - **2.** a - **3.** e - **4.** d - **5.** f - **6.** b.

Les expressions comme « si je comprends bien » et « tu veux dire/vous voulez dire que... » servent à vérifier une information dont on n'est pas certain.

Activité 13, p. 95

1. Expressions utilisées : Je suis d'accord, à mon avis.
Opinion : La comédie est un bon choix.
On entend « je suis d'accord » et « comédie ».

2. Expression utilisée : Personnellement.
Opinion : Le jeu d'acteur n'est pas réussi.
On entend « ma sœur qui l'a vu m'a dit qu'ils jouaient trop mal ».

3. Expressions utilisées : D'après moi, je pense que.
Opinion : Le film dure trop longtemps.
On entend « on n'aura pas le temps de retrouver Lili et Mathieu après ».

Activité 14, p. 96

1. Une suite possible est que vous n'êtes pas d'accord pour donner cinquante euros pour le cadeau de Max. **Réponse possible :** Tu exagères un peu ! Personnellement, je ne peux pas te donner cinquante euros. J'apprécie beaucoup Max mais c'est trop. Et puis, tu ne m'as pas prévenu(e). Désolé(e) mais c'est non.

2. Une suite possible est que vous pensez que l'employé fait une erreur car vous êtes certain(e) d'avoir rendu le livre. **Réponse possible :** Non, ce n'est pas vrai. Je l'ai rapporté la semaine dernière, je m'en souviens très bien. J'ai absolument besoin de prendre ce DVD et je ne suis pas responsable si votre système fonctionne mal.

3. Une suite possible est que vous voulez convaincre votre ami de ne pas aller à la plage s'il pleut. **Réponse possible :** Mais comment peux-tu penser qu'on peut quand même y aller ? D'après moi, ce n'est pas une bonne idée : s'il pleut, on ne pourra faire aucune activité. Étant donné la météo, je trouve qu'il faut annuler le week-end.

Activité 15, p. 96

1. Non. La phrase est impolie et ne permet pas de résoudre le problème. **Réponse possible :** Et si j'appelle mon père pour qu'il m'apporte ma carte à la gare ? Vous pourrez la contrôler à l'arrivée.

2. Non. La phrase est impolie et ne permet pas de résoudre le problème. **Réponse possible :** J'ai oublié, je suis désolé(e) ! J'y vais tout de suite, la pharmacie est encore ouverte.

3. Oui. La phrase est polie et propose une alternative (un nouveau rendez-vous demain).

4. Non. La phrase indique que la faute vient de la machine, ce qui ne permet pas de résoudre le problème. **Réponse possible :** Excusez-moi, je vais lire attentivement le mode d'emploi. En cas de besoin, je demanderai de l'aide à quelqu'un.

5. Non. La phrase est impolie et agressive. **Réponse possible :** Pas de problème : je peux me charger de l'organisation, je suis volontaire !

Activité 16, p. 97

Pour chaque situation, différentes solutions sont possibles pour résoudre le problème.

1. Réponses possibles : vous proposez à votre ami d'aller le voir courir pour l'encourager ; vous lui proposez de faire une autre activité ensemble, une activité que vous aimez tous les deux ; vous demandez à votre frère ou cousin de vous remplacer pour la course ; etc.

2. Réponses possibles : vous demandez à l'employé d'échanger votre billet pour un autre match ; vous donnez votre billet à un ami qui aime le football ; vous allez devant le stade le soir du match pour revendre votre billet ; etc.

3. Réponses possibles : vous proposez de montrer une preuve de votre banque ; vous demandez à être inscrit(e) à un autre cours en échange ; vous demandez une vérification du site internet ; etc.

4. Réponses possibles : vous acceptez d'essayer de travailler à l'extérieur un week-end, pour tester ; vous proposez de chercher deux emplois différents (un dehors, un dedans) pour que cela vous convienne à tous les deux ; etc.

Activité 17, p. 98

Pour associer un titre à un thème, il est nécessaire de mettre en relation les mots de vocabulaire utiles au thème. Les mots soulignés sont ceux qui donnent la réponse.

2. e. De jeunes collégiens au conseil municipal : la politique.

3. b. Le pouvoir d'achat des adolescents en hausse : l'économie.

4. d. Les adolescents français sont-ils heureux ? : la philosophie.

6. c. Teddy, le jouet intelligent qui surveille les enfants : les nouvelles technologies.

7. f. Des cours de dessin dans les musées : les arts.

8. a. Collégien le jour et bénévole le soir : le monde associatif.

Titre sans thème n° 1 : 1. Alerte dans les tropiques avec la montée des eaux. Proposition de thème : écologie

Titre sans thème n° 2 : 5. La semaine scolaire de retour à cinq jours. Proposition de thème : éducation

Activité 18, p. 98

Texte 1 : Beaucoup d'adolescents ont une ou plusieurs activités extrascolaires.

Partie du texte soulignée : « 70 % d'entre eux pratiquent au moins une activité après l'école ».

Ce n'est pas la réponse « Les adolescents passent trop de temps devant un écran » car le texte dit que 63 % des collégiens et 53 % des lycéens sont attirés par l'écran sans préciser si c'est trop. Et ce n'est pas la réponse « Plus de la moitié des adolescents lisent, en plus des lectures obligatoires » car le texte parle de 15 % des collégiens et 16 % des lycéens, ce qui ne représente pas la moitié.

Texte 2 : Réponse possible : Les salaires des joueurs de football sont très importants et il semble impossible de les réduire.

Activité 19, p. 99

Donner son avis : Personnellement - Je trouve que - D'après moi - À mon avis.

Exprimer un désaccord : Je ne suis pas du tout d'accord.

Partager la même opinion :

*en partie : Je ne suis pas tout à fait d'accord avec toi
*totalement : Je suis bien de ton avis - Absolument - Oui, c'est vrai.

Donner un exemple : Je vous donne un exemple.

Exprimer la peur : Ça m'inquiète - Je crains que

Exprimer la surprise : Ça m'étonne

Activité 20, p. 100

Pour chercher des idées pour et contre, il faut d'abord dégager le thème de la phrase. Ensuite, l'idée sert à justifier votre point de vue (pour ou contre). Enfin, donner un exemple personnel renforce l'idée.

1. Thème : les amis de l'école primaire sont des amis pour la vie.

Idées pour : Je connais mes amis de l'école primaire depuis très longtemps, donc ils me connaissent très bien. On a partagé beaucoup de moments importants ensemble. Exemple : j'ai fêté tous mes anniversaires avec mes amis.

Idées contre : On est encore dans la même école mais au lycée, avec nos choix d'orientation, ça peut changer. Quand on est adolescent, on change beaucoup. Exemple : je n'aime plus autant qu'avant jouer au basket-ball.

2. Thème : les professeurs sont trop autoritaires avec les élèves.

Idées pour : Les professeurs nous donnent beaucoup trop de devoirs. Je ne suis pas toujours d'accord avec les notes reçues. Exemple : j'adore les mathématiques mais j'ai des mauvaises notes.

Idées contre : Les professeurs sont autoritaires car ils veulent qu'on réussisse dans la vie. Les résultats des élèves représentent aussi la réputation du collège. Exemple : dans mon école, la réputation est excellente, c'est pour cette raison que je me suis inscrit(e) dans cette école.

3. Thème : la science doit utiliser les animaux pour améliorer la vie humaine.

Idées pour : C'est essentiel de chercher à soigner les humains en premier. Il y a encore beaucoup de gens qui meurent de maladies qu'on ne peut pas guérir. Exemple : j'ai un copain, son frère est né avec une maladie grave et il n'y a pas de médicament pour le sauver.

Idées contre : Ce n'est pas une raison pour faire souffrir les animaux. Qui a dit que l'être humain était supérieur ou plus intelligent ? Exemple : en Asie, il y a des religions qui respectent tous les êtres vivants.

4. Thème : le plus important dans la vie est d'être connu.

Idées pour : Des chanteurs ou des comiques sont devenus connus grâce à Internet. Internet est le principal moyen de communication partout dans le monde. Exemple : si je poste un message sur Facebook, mes amis du monde entier peuvent le lire.

Idées contre : Les gens connus avec Internet ne le restent pas longtemps. Internet est une mode de notre siècle. Exemple : les grands écrivains comme Victor Hugo sont connus parce qu'ils ont écrit des livres, pas des blogs.

5. Thème : le changement climatique est très grave.

Idées pour : Les saisons ne sont plus respectées. La pollution a beaucoup augmenté dans les villes. Exemple : ma grand-mère m'a montré le niveau du fleuve quand elle était petite, il était plus bas qu'aujourd'hui.

Idées contre : La planète a connu d'autres grands changements climatiques, il y a des millions d'années. Les gouvernements ont fait des lois pour diminuer la pollution. Exemple : la circulation alternée des voitures avec des chiffres pairs ou impairs.

Donner son avis : Il me semble / Pour moi / Je pense que…	Partager totalement la même opinion : je suis du même avis que…
Exprimer la peur : Je suis très inquiet pour…	Donner un exemple : Par exemple…

Activité 21, p. 101

1. Les nouvelles technologies.

Beaucoup de mots du texte font partie du champ lexical des nouvelles technologies : vêtement du futur, montres connectées, science, tissus connectés, vêtements connectés, smartphone, etc.

2. Le texte présente l'évolution des objets connectés, en particulier des vêtements.

3. Dans le texte :

l'opposition : cependant
le but : afin de
la comparaison : autant que
la conséquence : donc
la cause : grâce à
la chronologie : à la fin

D'autres mots ou expressions à classer :

– l'opposition : même si, pourtant, bien que, mais
– la conséquence : c'est pourquoi, alors
– la cause : puisque, à cause de, étant donné que, parce que, comme, car
– le but : pour (que)
– la comparaison : aussi… que, plus/moins… que
– la chronologie : enfin, d'abord, ensuite, dans un premier temps, après

S'ENTRAÎNER

Exercice 2, p. 104

Voici des exemples de réponses aux questions. Ces exemples sont donnés à titre indicatif.

• <u>Sur vous et votre famille :</u>

– **Parlez-moi de votre famille.**

Ma famille est composée de quatre personnes. Mon père, Alberto, ma mère, Diana, mon frère, Alvarez et moi. Mon frère et moi, nous nous entendons assez bien, même si parfois on se dispute. Il m'embête souvent quand j'invite des copines à la maison, mais je l'aime bien quand même. Ma mère travaille dans un cabinet d'architecture, mon père travaille à la maison comme éditeur. J'aime beaucoup ma famille et j'adore partir en vacances avec eux.

– **Comment s'organise votre journée lorsque vous étudiez ?**

Quand je vais en cours, je me lève à 6 h car je dois prendre un bus à 7 h pour aller à mon collège. J'ai quarante minutes de trajet. Dans le bus, j'aime bien discuter avec mes copains. Les cours commencent à 8 h. À 10 h, j'ai une récréation. Puis je suis en cours jusqu'à midi. Comme j'habite loin, je ne rentre pas manger à la maison. Je déjeune à la cantine. On reprend les cours à 13 h et on termine à 16 h. Ensuite, je vais soit à la maison, soit à mon cours de guitare soit au tennis. Vers 19 h, je dîne. Je reste un peu avec mes parents et je me couche vers 21 h.

• <u>Sur vos goûts et activités :</u>

– **Parlez-moi de vos loisirs préférés.**

Je pratique beaucoup de sport la semaine et le week-end. Je fais de la danse contemporaine, je fais de l'athlétisme et du tennis. Tous les week-ends, j'ai des matchs de tennis, j'adore ça ! C'est vrai que je suis une personne assez compétitive. Et puis, à part le sport, j'aime bien voir mes amis, aller au cinéma, voir des expositions, aller à la piscine. Quand je suis seule, j'aime bien lire ou jouer à des jeux vidéo.

– **Expliquez-moi pourquoi vous apprenez une langue étrangère.**

J'apprends une langue étrangère parce que c'est obligatoire dans mon parcours scolaire. J'ai commencé par apprendre l'anglais à l'école primaire et depuis trois ans, j'apprends le français. Je trouve aussi que c'est bien de comprendre d'autres langues car on voit le monde différemment. Et puis, quand on voyage ou quand on rencontre des étrangers, c'est super de pouvoir parler avec eux, directement dans leur langue !

– **Quelle nouvelle activité aimeriez-vous faire ? Pour quelles raisons ?**

L'année prochaine, j'aimerais bien m'inscrire à un club d'athlétisme car je suis très sportif et j'adore courir. Au cours de sport, je suis toujours le meilleur. J'ai même gagné une course de cross l'an dernier. Et puis, ce qui m'attire dans l'athlétisme, c'est qu'il y a beaucoup de disciplines variées comme le saut, le javelot ou le lancer de poids.

• <u>Sur le passé :</u>

– **Qu'avez-vous fait pendant les dernières vacances ?**

Pendant mes dernières vacances, je suis allée chez mes grands-parents. Ils habitent en pleine campagne, dans une ancienne ferme. Pour aller là-bas, soit mes parents m'accompagnent, soit je prends le bus. Le trajet dure quatre heures. J'adore aller chez mes grands-parents, ils sont toujours très gentils avec moi. Ma grand-mère me prépare tous mes plats préférés et mon grand-père m'emmène avec lui dans ses promenades. Parfois, j'y retrouve aussi mes cousins, on s'amuse énormément.

– **Quel est votre plus beau souvenir en famille ?**

C'est difficile comme question car j'ai plein de souvenirs avec ma famille. On passe souvent de bons moments ensemble. Je crois que le plus beau souvenir auquel je pense, c'est notre voyage en Andalousie il y a deux ans. On y a passé deux semaines. C'était magnifique, on a visité des villes incroyables, on a bien mangé et on a fait de belles rencontres. J'aimerais beaucoup y retourner.

– **Parlez-moi de votre dernière sortie entre amis.**

Je suis sortie avec mes amis le week-end dernier. On s'est retrouvé au Point Jeune, c'est un espace pour les adolescents. On peut y jouer au billard, au baby-foot, il y a une cafétéria, une salle d'études, des jeux, une télévision. On y a passé une bonne partie de l'après-midi puis on est sortis se promener dans la rue. Ensuite, on a mangé un kebab près de chez un copain. Et chacun est rentré chez soi.

– **Comment avez-vous commencé à apprendre le français ?**

La première fois que j'ai entendu quelqu'un parler français, j'avais dix ans. C'était à l'école, un Français était venu dans notre classe pour parler de son pays. Il nous avait appris quelques mots pour saluer, se présenter. Puis j'ai commencé à apprendre le français au collège avec Mme Leroux, une Belge. C'était une super prof, on a fait plein de choses intéressantes avec elle.

• <u>Sur vos projets :</u>

– **Que souhaiteriez-vous faire plus tard ? Pourquoi ?**

Plus tard, j'aimerais travailler comme horloger. C'est un métier important dans ma famille car mon arrirère-grand-père était un horloger très connu. Je ne l'ai jamais connu mais j'ai beaucoup entendu parler de lui. C'est pour ça que j'ai toujours aimé les montres, les horloges. À chaque fois que je vais dans un lieu nouveau, je cherche toujours à regarder les horloges.

– **Quel pays aimeriez-vous visiter ?**

J'aimerais beaucoup aller en Afrique du Sud car mes cousins y habitent depuis deux ans. Il paraît que c'est très beau. Mais comme c'est très loin, c'est compliqué d'y aller. Sinon, je rêve de visiter le Japon. J'adore la culture japonaise, leurs vêtements, la cuisine et je lis beaucoup de mangas.

– **Aimeriez-vous partir étudier à l'étranger ? Pour quelles raisons ?**

Je ne sais pas trop si j'aimerais partir étudier à l'étranger maintenant. Je pense que j'essaierai de partir étudier à l'étranger quand je serai à l'université, en 3e ou 4e année. En tout cas, pour l'instant, je me sens trop jeune pour partir. Un de mes copains est au Canada depuis six mois, il est très content, il a beaucoup progressé en anglais et en français. Il a de nouveaux amis mais de temps en temps son pays, ses amis et sa famille lui manquent.

Exercice 4, p. 107

1. Dans ce sujet, il s'agit de convaincre le professeur de français de laisser du temps libre aux élèves pour faire des achats. En France, pour parler avec un professeur (collège, lycée), on utilise le « vous ». Cela peut être différent dans d'autres pays francophones.

2. Émettre des hypothèses sur les remarques et réactions possibles de l'examinateur vous permet d'anticiper et de proposer des réponses adaptées à la situation.

Dans le cas du sujet proposé, on peut imaginer que l'examinateur ne sera pas d'accord pour les raisons suivantes (liste non exhaustive) :

– il n'y a pas de temps disponible dans le programme prévu ;

– il existe suffisamment de boutiques dans les musées, parcs et autres lieux visités ;

– il vaut mieux faire des économies et ne pas dépenser son argent ;

– le risque de se perdre dans la ville est important ;

– les conditions de sécurité ne sont pas réunies, etc.

3. Exemple d'interaction :

– Monsieur, est-ce que je peux vous parler ?

– Bien sûr, que se passe-t-il ?

– Je voudrais vous remercier pour le voyage qu'on est en train de faire, tout ce qu'on visite est très intéressant. C'est vrai, j'adore cette région et j'ai appris beaucoup de choses depuis qu'on est ici. Mais, voilà, avec les autres élèves, on aimerait juste avoir un peu plus de temps libre avant de repartir chez nous.

– Un peu plus de temps libre ? Mais tout ce qu'on fait, c'est une forme de temps libre. Tu ne vas pas me dire que c'est comme à l'école.

– Non bien sûr, mais tous les jours, nous sommes bien occupés, nous allons d'une visite à l'autre et le soir, nous rentrons dans nos familles d'accueil. On n'a jamais l'occasion de se retrouver entre nous. Et puis, on aimerait acheter quelques souvenirs pour nos familles.

– Tu sais, il ne faut pas dépenser son argent inutilement, je suis sûr que vos familles comprendront si vous rentrez à la maison sans cadeau.

– Ma mère voudrait que je lui achète un parfum particulier qu'on ne trouve qu'en France. Elle sera déçue si je ne le lui prends pas.

– Je vois. Mais c'est ma responsabilité qui est en jeu et rester seul en ville n'est pas très prudent, je trouve. Et si jamais l'un de vous se perd ? Ou s'il y a un problème avec la circulation routière ?

– On fera très attention. On n'a qu'à décider de rester en petits groupes de trois ou quatre personnes. Et puis, nous avons tous votre numéro de téléphone portable. Et, on ne restera que dans les rues piétonnes pour éviter tout accident.

– C'est une possibilité, en effet. Le problème, c'est que nous repartons dans trois jours et que nous avons encore beaucoup de choses à voir. On ne peut pas annuler nos visites. Vraiment, je ne crois pas qu'on trouve le temps d'organiser ce temps libre.

– C'est vrai… J'ai une idée, peut-être que demain soir, on pourrait essayer de faire la visite de l'après-midi un peu plus vite pour rentrer plus tôt.

– Oui, c'est possible si je ne perds pas de temps à vous demander d'écouter les explications pendant la visite… Si tout se passe bien, on peut envisager de rentrer une demi-heure plus tôt, vers 17 h par exemple. Par contre, les familles vous attendent à 17 h 30, donc ça ne vous laissera pas beaucoup de temps pour faire vos achats.

– Est-ce qu'on ne pourrait pas leur demander de venir plus tard, par exemple vers 18 h 30, comme ça, on aurait 1 h 30 ?

– Oui, je pense que c'est possible. Je vais téléphoner au représentant des familles d'accueil et je vous tiens au courant.

– Merci monsieur ! Je suis super content, j'espère vraiment que ce sera possible !

Pour réussir cet exercice, faites bien attention à utiliser le registre adapté à la situation (tutoiement, vouvoiement) et à rester concentré sur l'objectif de l'interaction. En l'occurrence, vous devez convaincre un enseignant. Il faut aussi que votre dialogue soit cohérent avec la situation. Ici, vous devez expliquer le problème, proposer des solutions, insister poliment et remercier. Enfin, soyez à l'écoute des remarques de l'examinateur. Vous devez pouvoir rebondir sur ce que dit l'examinateur et chercher à le convaincre.

Exercice 6, p. 111

1. Pour la troisième épreuve de production orale, vous disposez de 10 minutes de préparation. Ce temps passe vite, alors soyez efficace.

– Vous pouvez écrire sur votre support : entourez, soulignez, notez certains mots utiles si besoin.

– Ne cherchez pas à tout écrire car vous n'en avez pas le temps. Listez plutôt vos idées et vos exemples dans un plan organisé.

– Pensez à quelques expressions pour donner votre opinion ainsi qu'à des connecteurs permettant de structurer votre exposé.

– Réfléchissez à une manière d'introduire le sujet et de conclure votre présentation.

2. Exemple d'exposé, donné à titre indicatif (environ 3 minutes) :

Le sujet dont je vais vous parler concerne beaucoup de monde : il s'agit du téléphone portable. En effet, le téléphone portable est devenu un vrai phénomène de société, j'ai entendu dire que plus de 75 % de la population mondiale en possédait un. C'est un outil pratique, facile à emporter, qui nous connecte au monde en quelques mouvements de doigts. Dans un article, j'ai lu qu'une jeune fille, Christelle, avait passé un mois sans téléphone portable. L'article nous raconte cette expérience et nous interroge sur notre capacité à vivre ce type d'expérience. D'abord, je voudrais expliquer pourquoi, d'après moi, ce type d'expérience est inutile. Ensuite, je souhaiterais montrer que nous devons apprendre à vivre mieux avec le téléphone portable.

Tout d'abord, je suis convaincu que le téléphone portable est une invention incroyable qui fait complètement partie de notre siècle et de notre mode de vie. Je ne pense pas que je pourrais être capable de vivre sans téléphone portable et d'ailleurs, je n'en ai même pas envie. Je ne passe pas des heures à téléphoner, mais j'aime bien savoir que j'ai la possibilité de contacter n'importe qui à n'importe quel moment. En plus, le téléphone portable est très utile pour prévenir quelqu'un si on est en retard ou en cas d'accident, par exemple, pour prévenir les secours. Et puis, pour moi, le téléphone, c'est la liberté. Le téléphone rassure mes parents. Depuis que j'en ai un, je peux plus facilement sortir. Il suffit que je prévienne mes parents que je suis bien arrivé, que je leur donne le numéro de la personne chez qui je suis et ils sont tranquilles. C'est pourquoi, je ne comprends pas très bien l'intérêt d'essayer de vivre sans téléphone portable pendant un mois. J'imagine que c'est parce que la personne dans l'article, Christelle, était trop dépendante de son portable. Elle avait besoin de découvrir la vie sans téléphone.

Cela m'amène à mon deuxième point, le fait qu'il faudrait apprendre à vivre mieux avec son téléphone portable. Je trouve que c'est une question plus importante que le fait de vivre sans portable. Aujourd'hui, le téléphone est devenu envahissant. Les gens sont toujours en train de le regarder. Que ce soit au lit, à table, dans les transports, en cours, dans la rue, en marchant, à vélo, on croise tout le temps des gens qui utilisent leur téléphone n'importe où. Il me semble que ce comportement est dangereux pour la sécurité des personnes et que c'est aussi un manque de respect pour ceux qui sont autour. Parfois, j'entends des personnes parler très fort au téléphone dans les transports en commun, je trouve ça insupportable. Je n'ai pas envie de connaître tous les détails de leur vie. Tout comme je n'ai pas envie d'entendre la musique forte ou la vidéo du dernier spectacle de l'école sur le téléphone de mon voisin de table dans un restaurant. Moi, j'utilise mon téléphone quand je suis seul et que je suis sûr de ne déranger personne. Je pense qu'il faudrait écrire un document sur les règles de politesse et de sécurité quand on est au téléphone ou en tout cas prévoir une petite formation pour expliquer aux gens quel bon comportement avoir. Une sorte de permis de téléphoner ?

Pour finir, je pense que le téléphone portable est un outil formidable qui nous permet de répondre à tous nos besoins mais qu'il faut savoir l'utiliser sans exagérer. Le téléphone n'est qu'un outil, il ne remplace pas les bons moments avec les gens qu'on aime.

Pour votre présentation, organisez votre discours avec deux ou trois idées importantes et des exemples personnels. Vous pouvez aussi reprendre des informations du document déclencheur.

Gardez à l'esprit que c'est un exercice oral, appuyez-vous sur votre brouillon mais ne passez pas votre temps à lire vos notes.

3. *Des questions peuvent vous être posées pour compléter votre présentation. Répondez en donnant votre opinion et en fournissant le plus d'informations possible.*

– Comment faire pour limiter notre utilisation du téléphone portable ?

C'est une bonne question… Déjà, je crois que si on limitait l'utilisation du téléphone à sa fonction d'origine, c'est-à-dire au fait de téléphoner, ça limiterait beaucoup l'utilisation qu'on en fait ! Moi, par exemple, je ne téléphone pas beaucoup alors si je ne me servais du téléphone que pour téléphoner, je pense que je pourrais le laisser éteint dans une armoire et l'oublier sans problème. Je pense aussi qu'il faudrait ne pas utiliser le téléphone lorsqu'on est avec des amis ou de la famille. D'abord, ce n'est pas très poli et puis il faudrait apprendre à profiter du temps qu'on passe avec les autres pour être vraiment avec eux.

– Pour quelles raisons de nombreuses personnes sont-elles dépendantes du téléphone portable ?

Je ne sais pas pour les autres, mais moi, je sais que ce qui m'attire dans le téléphone, c'est sa facilité d'utilisation et sa capacité à répondre à tous mes besoins. Avec mon téléphone, je peux contacter tous mes amis, leur parler, les voir, prendre des photos et les leur envoyer. Je peux acheter un billet de bus, vérifier toutes sortes d'informations, écouter la radio, jouer, voir un film. Je pense que c'est ça qui fait qu'on ne peut pas s'en passer. Et pourtant, il y a quelques années, on vivait très bien sans.

Si vous ne savez pas quoi dire ou si une question vous semble difficile, dites-le. L'examinateur pourra reformuler sa question ou orienter la discussion sur un autre aspect du sujet.

ÉPREUVE BLANCHE

Compréhension de l'oral

Dans les épreuves de compréhension écrite et orale, l'orthographe et la syntaxe ne sont pas prises en compte, sauf si elles altèrent gravement la compréhension. Le correcteur acceptera les réponses données ci-dessous et toute reformulation ou réponse cohérente avec la question posée.

Exercice 1, p. 116

1. c. Elle avait des difficultés à trouver un objet.
2. c. Un emploi saisonnier.
3. a. Il propose des vêtements déjà portés.
4. b. Un reportage a attiré son attention.
5. a. Une grande variété.
6. b. Le film a déjà commencé.

Exercice 2, p. 116

1. b. D'une émission de radio faite par des jeunes.
2. b. Très à l'aise.
3. a. À donner une information exacte.
4. c. Positive.
5. a. L'éventualité d'être écouté par du public.